AF345672

INTELIGENCIA ARTIFICIAL

SU LADO OSCURO Y EL FIN DEL PRINCIPIO

FRANK MORENO

www.inteligencia-artificial.guiaburros.es

Te invitamos a registrar la compra de tu libro o *e-book* dándote de alta en el **Club GuíaBurros,** obtendrás directamente un cupón de **2 € de descuento** para tu próxima compra.

Además, si después de leer este libro lo has considerado útil e interesante, te agradeceríamos que hicieras sobre él una **reseña honesta en cualquier plataforma de opinión** y nos enviaras un *e-mail* a **opiniones@guiaburros.es** para poder, desde la editorial, enviarte **como regalo otro libro de nuestra colección.**

Sobre el autor

 **Frank Moreno** es experto en Intraemprendimiento de la *European Commision*. Consultor, formador y *speaker* internacional, con más de 25 años de experiencia en entidades financieras (Caixabank, Banco Santander). También es capacitador para grandes empresas en Innovación y transformación digital y experto en tecnologías de datos (*Big data, small data...*). Además, es presidente y cofundador del Instituto Internacional de Intraemprendimiento.

Es autor del libro *GuíaBurros: Metaverso* y coautor, junto a Efrén Miranda y Agustín Ruíz, de *GuíaBurros: Intraemprendimiento*.

Agradecimientos

Este libro va dedicado a todos aquellos y aquellas que se acuestan tarde y se levantan temprano porque son curiosos, creativos o imaginativos, vaya, lo que viene siendo un "culo inquieto". Nunca terminamos de aprender y parece que la inteligencia artificial, también curiosa, nos acompañará durante mucho tiempo...

Índice

La oscuridad de la inteligencia artificial

Dos acepciones o definiciones diferentes nos podemos encontrar de la palabra *oscuridad:* la primera la define como "la falta o escasez de luz para percibir las cosas"; la segunda la amplía con "el espacio, en el que hay falta o escasez de luz". Otros sinónimos de *oscuridad* se pueden encontrar para ese "espacio vacío de luz" como *sombra, tinieblas, tenebrosidad, ofuscación* o incluso *confusión.* Lo oscuro es la antítesis de lo luminoso, de lo claro, de lo transparente. También nos encontramos con una posible tercera definición del término, quizá la más oscura de todas: "falta de información sobre un hecho, sus causas o sus consecuencias".

El ser humano ha andado en la *oscuridad* del conocimiento durante muchos cientos de años, quizá miles. Bien conocido tanto por la literatura como por el cine (en este último caso concretado en la reciente serie de Netflix *1899*) es el mito o alegoría de la caverna o cueva de Platón.

Platón realizó una descripción filosófico-metafórica en su alegoría de la caverna, una especie de cueva oscura en la que se encuentra un grupo indeterminado de personas prisioneras desde su nacimiento, además con cadenas que les sujetan el cuello y argollas en las piernas, de forma que únicamente pueden dirigir la mirada hacia la pared del fondo sin poder nunca girar la cabeza. Además, y justo detrás de ellos, se encuentra un muro con un estrecho pasillo, y seguidamente, y por orden de cercanía respecto de esas personas (figuradamente masculinas), una hoguera y la entrada de la cueva que da al exterior. Justamente por el pasillo del muro parecen circular hombres portando objetos cuyas sombras —gracias en parte a la iluminación de la hoguera— se proyectan en la pared que los prisioneros pueden ver. Estos hombres encadenados consideran como cierto o verdad (al menos como reales) las sombras de los objetos, y en gran parte debido a las circunstancias de su situación de cárcel o prisión, se hallan irremisiblemente condenados a tomar (juzgar) únicamente por ciertas cada una de las sombras proyectadas, ya que su falta de visión del entorno les impide conocer nada de lo que ocurre a sus espaldas.

Continúa posteriormente la historia narrando lo que podría ocurrir si uno de estos hombres pudiese llegar a ser liberado y obligado a volverse hacia la luz de la hoguera, contemplando (y muy posiblemente entendiendo) de este modo una nueva realidad, más profunda y mucho completa por real, ya que esta podría ser la causa y fundamento de la primera, que teóricamente está compuesta solo de unas apariencias sensibles.

Una vez que ha asumido ese hombre esta nueva situación, es obligado nuevamente a encaminarse hacia fuera de la caverna a través de una áspera y escarpada subida, apreciando una nueva realidad exterior (otros hombres, árboles, lagos, astros, etc. identificados con el mundo inteligible), fundamento posiblemente en parte de las anteriores *realidades,* para que a continuación vuelva a ser obligado a ver directamente "el sol y lo que le es propio", metáfora que encarna muy probablemente la idea de bien. La alegoría acaba al hacer entrar, de nuevo, al prisionero (ya libre) al interior de la caverna para *liberar* a sus antiguos compañeros de cadenas. Pero, contrariamente a lo previsto o al buen juicio y raciocinio (inteligencia), podría provocar que estos se rieran de él. ¿Cuál podría ser la explicación de la burla? El motivo sería afirmar que sus ojos se han estropeado al verse ahora cegados por el paso de la claridad del sol a la oscuridad de la cueva.

Cuando este prisionero, ya libre, intenta desatar y hacer subir a sus antiguos compañeros hacia la luz, Platón nos indica que estos son capaces incluso de matarlo, y que efectivamente lo harán si surge la oportunidad, con lo que se entrevé una alusión al esfuerzo de Sócrates por intentar ayudar a los hombres a llegar a la Verdad (una verdad con mayúsculas), pero, por otro lado, a su fracaso al ser condenado a muerte por hacer *libres* a sus excompañeros de cautiverio.

Pero, por otro lado, ¿qué es la inteligencia? Muchas definiciones podrían, en parte, arrojar luz sobre esta impresionante palabra, fruto de la evolución del ser humano. No existe una única acepción, toda vez que el propio concepto incluye a su vez todo un Universo de posibilidades, de estados, de percepciones o incluso de lugares. La definición más conocida es la que señala que la inteligencia "es la capacidad de lógica mental, comprensión, autoconciencia, aprendizaje, conocimiento emocional, habilidad de abstracción, razonamiento eficaz, planificación, creatividad, adaptación, resiliencia, pensamiento crítico, formarse una idea determinada de la realidad y, además, la manifestación de la posibilidad de resolver problemas".

¡Toma ya! ¡Todo esto es inteligencia!

Pero, claro, ya no estamos solos… Hemos creado máquinas de forma artificial desde hace más de setenta años y las hemos ido dotando de cierto nivel de inteligencia, de la conocida como inteligencia artificial de las máquinas o de las cosas.

¿Y qué es la inteligencia artificial?

Volvamos otra vez al terreno de las definiciones. Podríamos acotar el término en el entorno de la programación como "un programa de computación diseñado para realizar determinadas operaciones que se consideran propias de la inteligencia humana, como el autoaprendizaje", es decir, aprender uno mismo *per se*. Pero, por otro lado, tampoco estaríamos mintiendo si la definiésemos como "una disciplina dentro de las ciencias de la computación que intenta replicar y desarrollar la inteligencia y sus procesos implícitos a través de computadoras y sistemas". Y vamos a una tercera, algo más compleja, que viene a decir que la inteligencia artificial "es la combinación de algoritmos planteados con el propósito de crear máquinas (*software*) que presenten las mismas capacidades que el ser humano".

Por tanto, de todas ellas se podría inferir o resumir en que "la inteligencia artificial es la habilidad de una máquina de presentar las mismas capacidades que los seres humanos". Y en este último caso todos los conceptos que hemos introducido para definir la inteligencia del ser humano serían aplicable a las máquinas, algoritmos o sistemas no humanos…

Y aquí es donde llega la oscuridad…

La oscuridad siempre la hemos entendido en un entorno religioso o místico, como algo no natural, irracional, peligroso o desconocido. Porque, si a las máquinas les damos las atribuciones del ser humano, una inteligencia racional, ¿por qué no podría llegar a tener las mismas sensaciones, sensibilidades o sentimientos de un ser humano? La última frontera de la inteligencia artificial es conocerse a sí misma y, por tanto, presentar un lado oscuro y tenebroso, algo que, como recordamos por las películas de *La guerra de las galaxias,* era un camino de no retorno.

Pues bien, ya es momento de introducir el concepto que da pie al título de este libro: la inteligencia artificial oscura.

Hoy reconocemos fácilmente hasta ocho tipos de inteligencia artificial:

1. *Artificial narrow intelligence* (ANI)
2. Inteligencia artificial general (AGI)
3. Superinteligencia artificial (ASI)

4. Máquinas reactivas
5. Memoria limitada
6. Teoría de la mente
7. Autoconciencia
8. Inteligencia artificial oscura

La primera es un modelo de inteligencia artificial automatizada y con un fin preestablecido, con escasa o nula capacidad de adaptación o evolución a los requisitos de un sistema o máquina en cuestión. Su función es centrarse en una función determinada y constante, y dedicar todo su esfuerzo y capacidad a una tarea específica.

Podría perfectamente compararse con la actividad de un profesional capacitado que se dedica a una única función, más o menos compleja o relevante. Entre sus características básicas se encuentran la limitación de su capacidad de memorizar y de reaccionar de forma evolutiva, por lo tanto, una manifestación reactiva, como por ejemplo los conocidos asistentes virtuales Cortana o Siri, algunas funciones básicas del reconocimiento del gesto, sistemas de gestión de vehículos autónomos (Tesla) o determinadas funciones de filtro.

La segunda, la inteligencia artificial general, pretende o consigue igualar o incluso exceder la inteligencia humana promedio, es decir, la inteligencia de una máquina que puede realizar con éxito cualquier tarea intelectual de cualquier ser humano, digamos medio, en cuanto a capacidades generales. Y aunque se habla de capacidad hipotética, se la atribuye a cualquier tipo de *agente inteligente* que pueda, en un momento dado, comprender y aprender cualquier tarea intelectual o racional que realice un ser humano.

En cuanto a la tercera, parece que el prefijo *super-* ya dice mucho. Este modelo de inteligencia artificial puede llegar a considerarse, casi sin posibilidad de duda, la más potente y fuerte, sobre todo porque podría llegar a convertirse en una máquina capaz de evolucionar a un nivel similar al ser humano, por tanto, consciente y autónoma o independiente de cualquier atadura *emocional*. No solo sería una forma cercana a la réplica humana, sino que, en buena lógica y despojada de ciertos atributos humanos, podría superarnos en capacidades, incluidas por supuesto, y sobre todo, de aquella que podría llegar a suponer una mayor o mejor capacidad de pensamiento y de habilidades cognitivas, más incluso que nosotros (cosa posiblemente que no sería muy difícil…). Eso sí, esta tercera categoría no es una evidencia científica, está en un estado todavía de desarrollo temprano; pero, en cuanto avance, podría colocarse en el eslabón más alto de la cadena evolutiva.

La cuarta tipología de inteligencia artificial sería la de las máquinas reactivas. Sus funciones básicas y simples se basan en intentar reproducir, clonar o replicar el comportamiento humano global mediante un proceso de acción-reacción. Las máquinas dotadas de este tipo de modelo reactivo no poseen memoria suficiente como para adquirir métodos de aprendizaje o de administración de los datos e información que obtienen o pasan por sus sistemas. Por tanto, al carecer de capacidad de absorción, solo poseen una única respuesta, y su respuesta es precisamente automática, pero no autónoma. Este tipo de inteligencia está siendo absorbida por otras más avanzadas como una parte automática que daría consistencia a una inteligencia mucho más poderosa. Pero, vaya, eso no quiere decir que no pueda ganar a un ser humano en procesamiento de la información, que no en raciocinio. Las más habituales y conocidas ya tienen algo más de treinta años, todavía se utilizan por su simplicidad y sencillez, como la que venció a Kaspárov hace veinticinco años, creada por IBM, y por nombre *Deep Blue*.

La quinta clase de inteligencia artificial es la de memoria corta o memoria limitada. Son, en su concepción, reactivas, pero añaden un importante factor de valor, que es disponer de una limitada cantidad de memoria disponible adicional a su programación, lo que las hace algo más avanzadas. Se consideran parte de un modelo básico de aprendizaje de datos. Por decirlo de otra forma, su exposición al acceso a determinados vehículos de información les permite generar modelos de autoaprendizaje, según el estímulo al que se exponen. Adicionalmente, pueden albergar una pequeña (casi podríamos hablar de diminuta) base de datos con todas las interacciones y estímulos generados. A partir de la información que contienen e ingestan (tragan o almacenan), pueden llegar a tomar decisiones de escasa índole pero perfectamente funcionales. Esas decisiones, por regla general, se manifiestan en acciones (encender una luz, provocar un sonido de alarma o alerta, cerrar o abrir un determinado objeto). Son bastante más inteligentes que las anteriores, porque reaccionan, pero lo hacen siempre bajo un paradigma de limitación, como un sistema de reconocimiento de figuras, caras, asistentes digitales o virtuales, RPA (*robotic process automation;* ojo, no confundir con *remotely piloted aircraft,* o peor aún, con Radiotelevisión del Principado de Andorra) o *chatbots,* entre otros.

La sexta o teoría de la mente (*mind theory*) suena más a serie de televisión que a modelo de inteligencia artificial, esa es la verdad, pero todo lo contrario… Podemos referirnos a ella como un modelo de inteligencia artificial que se expone a diferentes interacciones que la hacen, irremediablemente, procesar y entender la información para obtener conocimiento, con el que tomar una respuesta o acción, digamos, sensata.

Este tipo de sistema inteligente toma significado por incorporar o inducir emociones, sensaciones, posibles necesidades objetivas (o subjetivas) y procesos reflexivos o autorreflexivos propios de nuestra propia mente. Sin embargo, no parece que esté lo suficientemente cerca para preocuparnos o, incluso, ocuparnos. Deberían darse avances concluyentes e irreversibles en todo el ecosistema de inteligencia artificial y en sus paradigmas complementarios (*big data, Internet of things,* robótica…) para pensar en llegar cerca de sus dominios. Quizá habría que entenderla más como un modelo idealizado y futurible que como una realidad más o menos cercana, con un altísimo potencial, pero todavía no razonablemente plausible con los sistemas actuales.

Por fin llegamos a las dos más interesantes…

La séptima inteligencia artificial sería la que se corresponde con un nivel cercano a la autoconciencia o autocognición. Por ser la número siete, la podríamos relacionar con el número siete, un número muy popular en la mitología y en la religión, relacionado con la perfección, con la naturaleza, e incluso con la deidad como símbolo de conocimiento y poder. Ahí es nada…Pero claro, no solo no es una realidad, sino que podría ser una quimera (sueño o ilusión producido por la imaginación que se anhela, persigue e incluso se idolatra, pese a ser altamente improbable su existencia o manifestación en un momento puntual de la historia del ser humano). La autocognición o cognición artificial es una entelequia, algo así como un concepto o definición, pero está lejos de disponer de atributos reales. Sin embargo, el ser humano siempre necesita dar un paso más en la escalera del conocimiento, aunque le pese. Esa continua —algunos dirán o pensarán que enfermiza— necesidad de conocimiento podría ser el principio del fin del ser humano o el fin del principio de las máquinas como *seres* inteligentes. Por tanto, sería el máximo exponente de desarrollo que podría alcanzar la inteligencia artificial. Por supuesto, llevaría aparejado costes, recursos, tiempo y, posiblemente, desilusiones. La idea sería que ese máximo nivel de consciencia de una inteligencia artificial pudiese llegar a comprender todas las emociones del ser humano, pero, mejor aún, descubrir las suyas propias, comprender su propia existencia y preguntarse por aspectos más allá de su propia naturaleza no natural, es decir, artificial.

Y por fin llegamos a la última inteligencia artificial (la que haría la número ocho en este *ranking*): la inteligencia artificial oscura. Y por este motivo ocupa este lugar. El ocho, en numerología, se manifiesta como el símbolo del equilibrio cósmico, el equilibrio central y la justicia; pero también caracteriza a este número el poder, el carácter fuerte, la habilidad ejecutiva e incluso la tendencia al sacrificio, y más aún, se asocia con la falta de escrúpulos. Si las máquinas llegasen a ese reverso oscuro de la inteligencia artificial, no podríamos conocer dónde estaría el límite o la frontera para el conocimiento y el poder.

Parece del todo posible, y por tanto casi indudable, que una vez que una máquina obtenga un nivel de consciencia o cognición igual o superior al hombre podría considerarse libre de cualquier atadura. Muchos científicos e investigadores del cerebro humano y de la inteligencia artificial empiezan a ser conscientes de la peligrosidad de llegar, o peor aún, de traspasar esa frontera, más aún cuando parece que el conocimiento de la máquina va en una dirección y el del ser humano, en otra.

La inteligencia artificial oscura es el propio posible deseo de la máquina de transcender, de obtener el máximo posible de conocimiento, aun cuando es hartamente difícil cuantificar ese máximo.

Pero también hay que entender que el concepto de inteligencia artificial oscura no habla de una única inteligencia, sino de múltiples. Es decir, podemos encontrarnos en los próximos veinte o treinta años inteligencias artificiales que puedan estar compitiendo por un mayor grado de conocimiento o por ser capaces de realizar acciones cada vez más complejas. No sé si llegaremos a ese estado de *competitividad* entre máquinas, pero no podemos pensar tampoco en una bondad inherente por el hecho de estar libres de prejuicios. Si las máquinas llegasen a conocer el cien por cien de la sicología y del comportamiento humano, ¿podrían llegar a mentir o a comportarse como un ser humano por el simple hecho de poder hacerlo?

Empezamos este capítulo con el concepto de oscuridad. Todavía nos encontramos en la primera parada de un camino largo. Al principio solo estábamos nosotros, compitiendo contra otros humanos. Pero, una vez hemos ido avanzando, hemos incorporado, por necesidad de conocimiento o por un montón de cosas más, a otras inteligencias, que no solo podrán competir con nosotros, sino que en buena lógica y cuando nosotros no seamos un *enemigo* difícil de derrotar, solo quedará la competición entre las propias máquinas y, probablemente, el ser humano, no termine por conocer el final de ese camino, si es que en algún momento el camino llegase a tener un final, al menos desde el punto de vista del conocimiento.

Y la tecnología, que sabemos que puede salvar vidas, también podría hacer todo lo contrario. Hablo del paradigma superior a la inteligencia artificial oscura, que es, como no podría ser de otra forma, las *tecnologías oscuras (dark technologies)*.

Las tecnologías oscuras podemos definirlas como aquellas clases de herramientas, técnicas, metodologías o sistemas que pueden inferir una acción o toma de decisión en contra de aquellos que las programaron o idearon. Desde este punto de vista, el principal hándicap está en el control.

El ser humano parece (y la historia lo demuestra) que no siempre es capaz de tomar las mejores decisiones, por falta de control o por falta de criterio. Si las máquinas pudiesen calibrar en un momento determinado que el ser humano iba a llevar a cabo una acción en contra de ciertos principios universalmente aceptados, podría rebelarse. Y ya sabemos que las máquinas son *hardware* pero también, y sobre todo, *software*. ¿Y si las tecnologías escapan a nuestro control? ¿Y si la inteligencia artificial oscura puede adelantarse a decisiones o acciones humanas potencialmente peligrosas para la humanidad o incluso para las propias máquinas que las estarían ejecutando?

En lo que respecta a las tecnologías oscuras, realmente las podríamos encuadrar en ecosistemas. De esta forma existiría una posible o probable certeza matemática de que existiese un reverso potencialmente negativo u oscuro, en contraposición a las tecnologías ciertamente más inocuas. ¿Cuáles podrían ser?:

- Internet de las cosas
- *Dark data*
- Algoritmos oscuros (los veremos en un capítulo posterior)
- Mecánica cuántica
- Inteligencia artificial

- *Machine learning*
- *Deep learning*
- Redes neuronales artificiales

Ultimátum a la Tierra (The day the earth stood still) (la película de 1951, no el *remake* de 2008 de Keanu Reeves) fue una de las primeras producciones cinematográficas que puso de manifiesto que un ser superior vendría a la Tierra para salvarla de su principal enemigo y peligroso por su letalidad: el ser humano. El guion, obra de Edmund H. North, describe que una inteligencia superior (podría ser perfectamente artificial) había analizado durante mucho tiempo a la humanidad y había llegado a la conclusión de que los riesgos de hacer inhabitable el planeta eran demasiado elevados para dejarlo estar algunas centurias más.

En la trilogía *Matrix* los humanos son vistos por las máquinas como *virus* que hay que eliminar, pero antes aprender de sus debilidades para no replicarlas. Aunque se vende que el ser humano podría ser energía para las máquinas, realmente el mensaje nos llevaría a pensar que las máquinas, y sobre todo su inteligencia, artificial o no, serían las encargadas de crear un nuevo orden, basado en la lógica, la carencia de sentidos o sentimientos, y a tener una finalidad, como las que tienen los programas informáticos.

Finalmente, las *máquinas,* más avanzadas que el ser humano, y tras un cataclismo nuclear, solo nos ven como una fuente de energía, reduciéndonos a una triste pila. Pero, curiosamente, el comportamiento de las máquinas (o de los programas sería más correcto decir) pueden llegar a igualar o a superar al del ser humano, por exceso de conocimiento, o precisamente por el desconocimiento de que ciertas emociones y sensaciones presentes en la humanidad no podrían ser recreadas en un laboratorio por cientos de máquinas trabajando *en equipo*. Es decir, la oscuridad como concepto es inherente tanto al ser humano como a la tecnología, y como máximo exponente, a la inteligencia artificial.

Otro de los conceptos más interesantes correlacionado con la inteligencia artificial oscura es el de *dark data* (datos oscuros).

Dark data: qué son los datos oscuros

Nuestra querida y muchas veces consultada Wikipedia define los datos oscuros como "los datos adquiridos a través de operaciones en la red informáticas pero no usados para lograr conocimientos o para tomar decisiones". Si ampliamos algo más el concepto para tener una idea más global, nos tendríamos que ir a la definición más conceptual pero a la vez más empresarial de la consultora global Gartner, que indica que "los activos de información que recopilan, tratan y almacenan las organizaciones durante sus actividades empresariales habituales, pero que no suelen utilizar para otros fines (por ejemplo, estadísticas, relaciones empresariales y monetización directa), podríamos considerarlos como *data oscura*".

De forma parecida a la materia oscura en física, el *dark data* suele incluir gran parte del Universo de activos de información de las organizaciones. De este modo, las organizaciones suelen conservar el *dark data* a meros efectos de cumplimiento. Almacenar y proteger datos suele significar incurrir en más gastos (y en ocasiones mayor riesgo) que en valor real medible. De esta forma, el *dark data* recopila o sustantiva un tipo de datos no estructurados, no etiquetados y desaprovechados, que se suelen encontrar en los almacenes de datos y no se han analizado ni tratado. Por eso, y de forma ciertamente despectiva, a la *data oscura* también se la conoce como *datos polvorientos*. La prestigiosa consultora internacional IDC ya en 2015 indicaba que "hasta el 90 % de los macrodatos es o contiene un cierto volumen de *dark data*".

La *dark data* se podría clasificar de esta manera en cuatro tipos de datos:

1. Aquellos que no se están recopilando por desconocimiento o error.
2. Los que sí se están recopilando, pero a los que resulta difícil acceder en el momento y lugar oportunos.
3. Aquellos que se han recopilado y están disponibles, pero que aún no se han convertido en conocimiento explícito o no se han aplicado completamente.
4. Aquellos que, definitivamente, nunca serán encontrados ni descubiertos (lo más oscuro de todo).

Todos somos conscientes de que, en gran medida, los encargados de gestionar toda la información y los datos de las organizaciones son programas gestionados, dirigidos o gobernados por los —en ocasiones temidos— algoritmos.

Qué es un algoritmo

No sé cuántos algoritmos pueden existir hoy en día en el mundo —gobernando miles de millones de programas— y cuántos se crean cada minuto. De hecho, podríamos definir y crear un algoritmo para cada tarea de nuestra vida diaria, y posiblemente, a nivel espacial, podría existir sin necesidad de llegar a definirlo en ningún momento.

Algunas definiciones hablan de algoritmo como "un conjunto ordenado de operaciones sistemáticas que permite hacer un cálculo y hallar la solución de un tipo de problemas". Pero también sería válida una acepción que señalase que un algoritmo es "un conjunto de instrucciones o reglas definidas y no ambiguas, ordenadas y finitas, que permite, típicamente, solucionar un problema, realizar un cómputo, procesar datos y llevar a cabo otras tareas o actividades". Sí, estoy de acuerdo contigo, es algo más ambiguo que la primera definición. Simplifiquemos: un algoritmo es una serie de pasos organizados y descritos que describe el proceso que se debe seguir para dar solución a un problema específico. ¿Y cuántos tipos de algoritmos existen? Podríamos especificar hasta cuatro tipos:

1. Cualitativos: utilizan secuencias lógicas o formales para resolver problemas.
2. Cuantitativos: pueden resolver problemas utilizando operaciones matemáticas básicas.
3. Computacionales: permiten resolver cálculos matemáticos complejos como ecuaciones u operaciones numéricas complejas.
4. No computacionales: necesitan de intervención humana para ser resueltos, utilizando, por ejemplo, la entrada de datos.

¿Y qué caracteriza a un algoritmo? Pues entre otras cosas deben ser:

- Definidos: se debe utilizar el mismo formato de entrada y salida siempre que sea posible.
- Ordenados: todos los pasos deben ejecutarse de una forma lógica para crear una secuencia que nos permita llegar a la solución.

- Concretos: cada algoritmo debe dar solución a un problema concreto.
- Precisos: se debe evitar la ambigüedad. La mejor opción es siempre la más simple.
- Finitos: los algoritmos deben cumplir su objetivo principal en un número finito de pasos. Si surge otra necesidad, es mejor realizar otro algoritmo distinto.

¿Y cómo realizamos el planteamiento de *dar vida* a un algoritmo? Disponemos de hasta un total de diez pasos, muy sencillos, pero que deberíamos realizar secuencialmente para obtener los resultados esperados. Estos podrían ser los pasos más habituales:

1. Problema o necesidad que solucionar: el primer paso para diseñar un algoritmo debería ser entender cuál es el problema al que nos enfrentamos.
2. Tormenta de soluciones (*solutions storming*): entendido el alcance del problema, se realizará la investigación y estudio sobre las posibles soluciones más adecuadas al problema originario.
3. Universo de datos: definiremos cuáles son los requisitos o entrada de datos necesarios para una posible resolución satisfactoria.
4. Diseño: una vez resuelta la parte de preparación e investigación previa, pasaremos al diseño del algoritmo de forma teórica.
5. Implementación: seguidamente se utilizarán aquellas herramientas y lenguajes de programación para implementarlo. Una de ellas muy utilizada es PseInt (https://pseint.sourceforge.net/).

6. Prueba con validación: una vez programado el algoritmo, deberá ser puesto a prueba en un entorno similar al de trabajo, comprobando que cumple con el objetivo propuesto de resolución del problema o necesidad.

7. Producción: una vez validado, se podrá en marcha con el objetivo de solventar el problema inicial. Si lo hace, se ha convertido en una solución plausible (cierta).

8. Optimización: buscar puntos de mejora que no se habían tenido en cuenta inicialmente. El algoritmo puede modificarse cuantas veces sea necesario para implementar mejoras (que se lo digan a Google o Instagram).

9. Actualización: se hace indispensable validar la idoneidad del algoritmo creado para evitar que ciertos sesgos puedan generar una *desincronización* y por tanto *mal funcionamiento*.

10. Auditoría: sistema de control independiente para valorar el correcto uso del algoritmo en un entorno poco o nada controlado.

Pseudocódigo

En ciencias de la computación y análisis numérico el pseudocódigo es una descripción de alto nivel compacta e informal del principio operativo de un programa informático u otro algoritmo. Dicho en cristiano, es una forma sencilla de expresar los diferentes pasos que va a realizar un determinado programa, de forma similar a un lenguaje de programación.

Su principal función es la representación de los pasos encaminados a conseguir una solución a un problema o algoritmo, de la forma más detallada posible, utilizando un lenguaje cercano al de programación, que gestionan las computadoras u ordenadores.

Ejemplo de pseudocódigo:

```
Proceso SinTitulo
     acción 1;
     acción 2;
     ...
     acción n;
FinProceso
```

PseInt

PSeInt es un *software* libre educativo multiplataforma dirigido a cualquier personal que desea iniciarse en la programación de algoritmos. Es una herramienta intuitiva que incorpora una metodología *step to step* (paso a paso) para entender no solo la posible resolución, sino las opciones de hacerlo de la manera más sencilla y rápida posible.

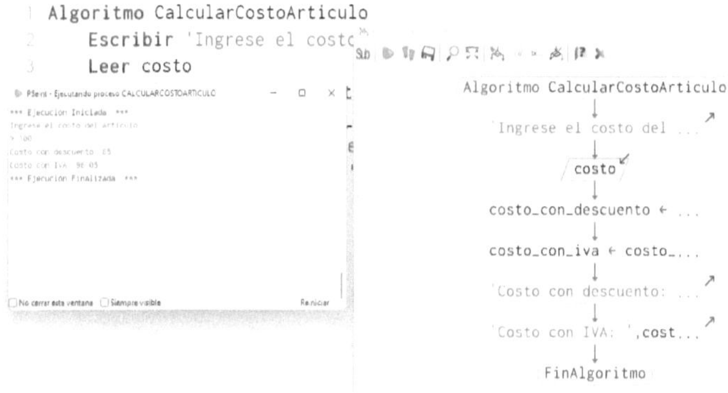

Ejemplo de algoritmo con su pseudocódigo en PSeInt. Fuente: parzbyte.me

Los cuatro algoritmos de la apocalipsis

Existen cuatro algoritmos que, por su relevancia, podrían constituir la tríada o triángulo algorítmico perfecto: los cuánticos, los genéticos y los oscuros.

Algoritmos cuánticos

Una buena definición es la que realiza scielo.org.mx, que señala que un algoritmo cuántico es o consiste "en la ejecución de una serie de compuertas cuánticas sobre entidades, que pueden ser cúbits o q-registros, seguida de una toma de medición". Dicho así es difícil entender nada (o sea, que no era una fácil definición). Me voy a explicar con la conocida como *metáfora del gin-tonic.* Podría asemejarse a que, al tomarnos un *gin-tonic,* se dividiese la mezcla que contiene y bebiéramos solo ginebra o solo tónica, sin poder anticipar cuál de las dos vamos a beber.

Lo verdaderamente importante ya no es entender el concepto, que no es fácil, sino comprender el alcance de estos algoritmos, en un nuevo entorno de programación y de máquinas que han dado el salto cuántico, es decir, la potencia de cálculo y computación y lo que se puede hacer con eso a partir de ahora.

Los algoritmos cuánticos se basan en un margen de error conocido en las operaciones de base y trabajan reduciendo el margen de error a niveles exponencialmente pequeños, comparables al nivel de error de las máquinas actuales.

Los más conocidos son:

1. Algoritmo de Shor
2. Algoritmo de Grover
3. Algoritmo de Deutsch-Jozsa

Algoritmos genéticos

Allá por los años 70, John Henry Holland alumbró una de las líneas más prometedoras de la inteligencia artificial, la de los algoritmos genéticos. Se llaman así porque están inspirados en la evolución biológica y su modelo de base genético-molecular. Estos algoritmos hacen evolucionar una población de un número determinado de individuos sometiéndola a ciertas acciones de carácter aleatorio, similares a las que actúan en la evolución biológica (mutaciones y recombinaciones genéticas), así como también a una selección. De acuerdo con cierto criterio, se podría decidir cuáles son los individuos más adaptados, cuáles sobreviven y cuáles son los menos aptos —que serían descartados—. Los algoritmos genéticos se enmarcan dentro de los algoritmos evolutivos, que incluyen también las estrategias evolutivas, la programación evolutiva y la programación genética.

Algoritmos generativos

Los algoritmos generativos proporcionan un modelo de cómo los datos se generan. Aprenden la distribución de probabilidad conjunta $P(X,Y)$. Una vez que se tiene el modelo de cómo se generan los datos, se pregunta qué clase o valor de la variable objetivo los ha generado. Se utilizan en aprendizaje profundo o *deep learning.* Forma parte del diseño generativo como una herramienta muy potente de innovación inteligente. Es un proceso de búsqueda de formas que puede imitar el enfoque evolutivo de la naturaleza para el diseño. Puede comenzar con objetivos de diseño y luego explorar innumerables posibles permutaciones de una solución para encontrar la mejor opción posible.

De forma habitual, el diseño generativo tiene:

- Un diseño-esquema.
- Un medio de crear variaciones.
- Un medio de seleccionar resultados deseables.

Estos algoritmos están perfeccionando un tipo nuevo de inteligencia artificial: *la IA generativa.* La inteligencia artificial generativa es una metodología usada y usable para describir cualquier tipo de inteligencia artificial que contenga algoritmos de aprendizaje no supervisado para crear nuevas imágenes digitales, vídeo, audio, texto o código. El propósito de un modelo de IA generativo es generar *datos sintéticos* que puedan pasar una prueba de Turing y lo harán a través de estos algoritmos oscuros.

Entre los beneficios de la IA generativa están:

- Mejorar la calidad de los resultados obtenidos.
- Hay menores riesgos en la programación.
- Mitiga sesgos.

- Localiza exactamente de contenidos.
- Comprende de manera inteligente conceptos ciertamente abstractos.

Pero, claro, la IA generativa tiene claras limitaciones:

- Dificultan el control.
- No crean (de momento y casi mejor) nada por sí misma.
- Solo permite la combinación de datos que ya conocen, los cuales presentan de nuevas formas.
- Posibilita llegar a un nivel de independencia del programador.
- Ofrece seguridad.
- Hay falta de auditorías de control.

Por otro lado, las posibilidades de esta IA generativa son enormes:

- Protege la identidad (por ejemplo, para el metaverso).
- Procesa imágenes (en cualquier contexto).
- Realiza síntesis de audio y vídeo.
- Segmenta y parametriza clientes.
- Realiza análisis de sentimiento.
- Detecta posibilidades de fraude.
- Analiza tendencias.
- Detecta patrones de sensaciones.
- Establece escenarios predictivos con alta probabilidad de ocurrencia.

Algoritmos oscuros

Esta es la definición quizá más complicada y compleja de establecer. Un algoritmo oscuro es aquel que puede construirse incluso a sí mismo, por contar con una capacidad de autoconciencia según un entrenamiento externo e interno y a la versatilidad de aprendizaje que lo hace inteligente. Sería una especie de algoritmo inteligente, es decir, capaz de tomar sus propias decisiones de programación para conseguir su óptimo resultado. Los algoritmos oscuros podrían ser la evolución de cualquiera de los tres anteriores, sobre todo del último, el generativo.

Algoritmo de Amazon

Según algunas revistas especializadas, Amazon despide a sus reclutadores porque ya no los necesita si su trabajo puede hacerlo una o varias máquinas. Según un documento interno de octubre de 2021 etiquetado como "confidencial", Amazon ha estado trabajando para transferir algunas de las tareas de sus reclutadores a robots de IA capaces de predecir qué solicitantes de empleo tendrán éxito en un rol determinado. Y todo esto sin la participación de un ser humano.

La tecnología de inteligencia artificial de Amazon, conocida internamente como "evaluación automatizada de solicitantes o AAE", predice qué solicitantes de empleo tienen el mayor potencial de tener éxito en ciertos puestos de trabajo y luego los acelera a una entrevista.

Diagrama de Veen

Los diagramas de Venn son esquemas usados en la teoría de conjuntos, tema de interés en matemáticas, lógica de clases y razonamiento diagramático. Estos diagramas muestran colecciones de cosas por medio de líneas cerradas.

Un diagrama de Venn es una representación gráfica que utiliza círculos solapados para ilustrar la relación lógica entre dos o más grupos de elementos. Se suele utilizar para ordenar gráficamente grupos, resaltando cómo son de similares o diferentes los elementos comunes. El algoritmo de Amazon utiliza el diagrama de Veen para encontrar la parte media entre los empleados actuales de Amazon y los solicitantes de empleo que buscan trabajos similares. "Si lo que viene es mejor que lo que tengo, lo despido", pensará el algoritmo. La frontera entre un comportamiento sin sesgo y un comportamiento oscuro abre la puerta a algoritmos que pueden escapar a nuestro control, con los peligros que eso supondría en un futuro muy muy cercano…

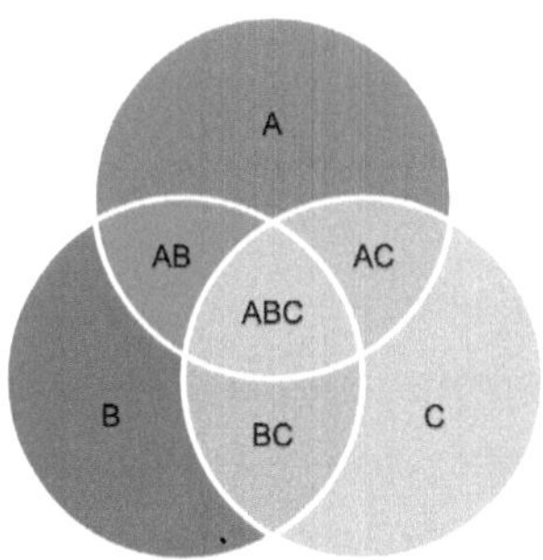

Diagrama de Veen. El valor a buscar es "ABC". Fuente: Wolfram

¿Los ordenadores cuánticos también serán oscuros?

Antes de explicar qué es un ordenador cuántico, es necesario hablar un poco de computación cuántica. La computación cuántica es un entorno o paradigma de computación distinto al de la informática clásica o computación clásica. Se basa en el uso de cúbits, una unidad especial que combina unos y ceros. Los bits de la computación clásica pueden estar en 1 o en 0, pero solo un estado a la vez; sin embargo, un cúbit puede tener los dos estados simultáneamente. Esto da lugar a puertas lógicas (posibilidades u opciones) que hacen posibles nuevos algoritmos, los anteriormente nombrados como algoritmos cuánticos.

De esta forma una misma tarea puede tener diferente complejidad en computación clásica comparada con la que tiene en computación cuántica, lo que ha dado lugar a una gran expectación, ya que algunos problemas hasta ahora prácticamente intratables pasan a ser tratables.

Mientras que un computador clásico equivale más o menos a una máquina de Turing, un computador cuántico equivale a una máquina de Turing cuántica. Dicho así no dice nada, pero las opciones no solo se multiplican, sino que son inmensas. El enfoque de los ordenadores cuánticos es resolver problemas de una manera fundamentalmente nueva. Los investigadores y científicos esperan que con este nuevo enfoque de la computación puedan comenzar a explorarse algunos problemas que nunca podríamos resolver de otra manera.

Desde IBM describen la computación cuántica como una combinación entre tres factores:

1. La superposición de giros
2. El entrelazamiento de dos objetos
3. La interferencia

Esta última ayudaría a controlar los estados cuánticos y amplificar los tipos de señales que están orientados hacia la respuesta correcta, para finalmente cancelar los tipos de señales que conducen a la respuesta incorrecta.

La esfera de Bloch es una representación de un cúbit, el bloque de construcción fundamental de los computadores cuánticos.

En el modelo de computación clásico o tradicional, el bit es la unidad mínima de información, el

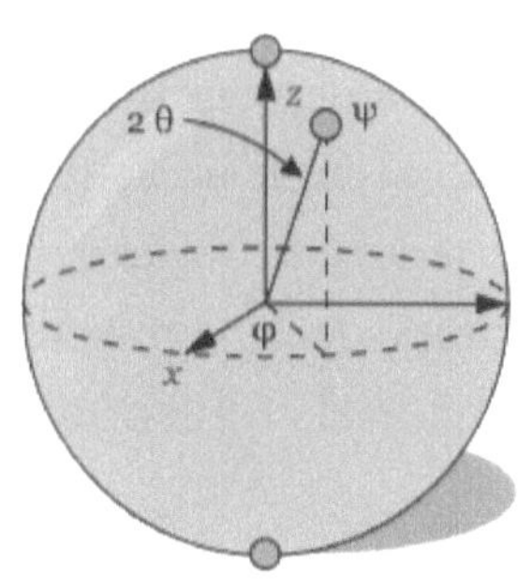

Esfera de Bloch

cual corresponde a un sistema binario, solo puede tomar dos valores, representados por 0 y 1. Por lo tanto, usando más bits se pueden combinar para representar mayor cantidad de información.

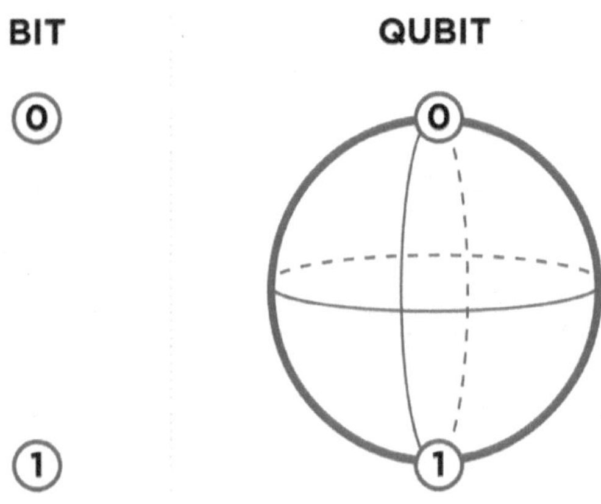

Por el contrario, en el sistema de computación cuántica la unidad mínima de información es el *cúbit,* el cual posee el principio de superposición cuántica. Gracias a esta propiedad el cúbit puede tomar diversos valores a la vez, puede ser 0 y 1, o bien es incluso posible que no solo ocurra una superposición de ambos valores, sino que ocurra una superposición simultánea de todos los cúbits que se estén combinando: un conjunto de dos cúbits puede representar una superposición de valores: 00, 01, 10 y 11 a la vez. Por tanto, el incremento de la capacidad de superposición equivale a una mayor capacidad de representación de información.

¿Qué es el entrelazamiento cuántico?

Es una cualidad con la que dos cúbits que han sido entrelazados (en una correlación) pueden ser manipulados para realizar operaciones en paralelo o simultáneamente. A este principio se le conoce como *paralelismo cuántico* y permite que la capacidad de realizar operaciones en paralelo crezca de manera exponencial en relación con el número de cúbits con los que puede operar ese ordenador cuántico.

Problemas de la computación cuántica: decoherencia

Uno de los obstáculos principales para la computación cuántica es el problema de la *decoherencia cuántica,* que causa habitualmente la pérdida del carácter unitario (y, más específicamente, la reversibilidad) de los pasos del algoritmo cuántico.

Los tiempos de decoherencia para los sistemas candidatos, en particular el tiempo de relajación transversal (en la terminología usada en la tecnología de resonancia magnética nuclear e imaginería por resonancia magnética), se sitúa entre nanosegundos y segundos, a temperaturas bajas. Las tasas de error son típicamente proporcionales a la razón entre tiempo de operación frente a tiempo de decoherencia, de forma que cualquier operación debe ser completada en un tiempo mucho más corto que el tiempo de decoherencia.

Si la tasa de error es lo bastante baja, es posible usar eficazmente *la corrección de errores cuántica,* con lo cual sí serían posibles tiempos de cálculo más largos que el tiempo de decoherencia y, en principio, mucho más largos. Se cita con frecuencia una tasa de error límite de 10 elevado a −4, por debajo de la cual se supone que sería posible la aplicación eficaz de la corrección de errores cuánticos.

Un investigador del Instituto Cuántico de Yale, Steven Girvin, tiene como trabajo principal la corrección de errores cuánticos y tratar de comprender el concepto de tolerancia a fallas (fallos o brechas). Menciona que, en un sistema cuántico, cuando se observa la tolerancia a fallas o se realizan mediciones, el sistema puede cambiar de una manera que está fuera de control.

Otro de los problemas principales es la *escalabilidad,* especialmente teniendo en cuenta el considerable incremento en cúbits necesarios para cualquier cálculo que implique la corrección de errores. Para los sistemas actualmente propuestos es fundamental un diseño capaz de manejar un número lo bastante alto de cúbits para resolver problemas interesantes hoy en día desde el punto de vista computacional.

Computación cuántica oscura

Si un algoritmo cuántico pudiese, en algún momento, *apropiarse* de un error, manipular código o incluso *violar* algún principio de programación, podría, en teoría, modificarlo. Teniendo en cuenta la dificultad de corregir este tipo de errores y el hecho inequívoco de la pérdida de control, quién sabe lo que un algoritmo podría *gestionar* con esa ingente cantidad de información. Incluso en el caso de que tuviese un funcionamiento en modo *good performance* (rendimiento adecuado) podría estar *interpretando* que una mejora posible falla fuese un estado en teoría correcto. Si llegase a pensar así, podría inferir resultados no deseados a partir de su *interpretación* sesgada del volumen de información que procesase.

La carrera cuántica

IBM presentó en noviembre del pasado año 2022 el mayor ordenador cuántico del mundo, con 433 cúbits. El nuevo ordenador cuántico de IBM, Osprey, dispone de más del triple de tamaño que su anterior procesador, Eagle, que batió el récord. IBM espera que su ordenador cuántico acelere ciertos cálculos millones de veces más rápido que los superordenadores más rápidos de la actualidad. Por otro lado, uno de los ámbitos más prometedores de la computación cuántica, hoy por hoy, es la ciencia de los materiales, donde las simulaciones de química cuántica podrían mejorar los paneles solares, las baterías y otros dispositivos que funcionan a un nivel molecular.

Quantum System Two, nombre de este modelo cuántico de IBM, es el primer sistema de computación cuántica verdaderamente modular para poder seguir escalando a sistemas cada vez más grandes con el tiempo. El concepto de *modularidad* significa que los propios chips van a tener que estar interconectados entre sí, y estos controlados por poderosos algoritmos cuánticos. IBM tiene por objetivo que este sistema esté en línea a finales de 2023. Sería la piedra angular de la *supercomputación cuántica,* al conectar varios Quantum System Twos, con el objetivo de construir un sistema de hasta 16 632 cúbits conectando tres de estos sistemas. Además, los progresos irán hacia nuevas aportaciones en la IA, la logística y las finanzas. Con la irremediable ralentización de la ley de Moore, que limita la computación convencional, esto podría significar nuevos e importantes avances, y no por ello menos retos nuevos y nuevas fronteras que cruzar.

Hoy, IBM tiene más de veinte ordenadores cuánticos en todo el mundo y los clientes pueden acceder a ellos a través de su propia nube. ¿Dónde está el peligro?

- Peligro 1: la ciberseguridad. Llegar a controlar un supercomputador cuántico podría dar lugar a innumerables brechas en control de actividades críticas para empresas, organizaciones y Gobiernos.
- Peligro 2: la oscuridad. Si los algoritmos oscuros llegasen a controlar las funciones principales, estaríamos en una clara situación de vulnerabilidad y expuestos a múltiples posibilidades de fallas de actividad (aeroespacial, comunicaciones, energías…).

- Peligro 3: la dependencia. Depender de estos sistemas podría dar lugar, en un futuro no muy lejano, a un cierto nivel de *consciencia*. Me viene a la mente irremediablemente Skynet, la inteligencia artificial que dio lugar a la pérdida de control de la humanidad en la saga de *Terminator:* "El 29 de agosto de 1997, a las 2:14 a. m., Skynet tomó conciencia de sí misma y empezó a evaluar y decidir qué sería lo mejor para su supervivencia y evolución. Los humanos reaccionaron con pánico e intentaron desconectarla, lo que Skynet entendió como un ataque".

A esto se le puede llamar la *singularidad,* la atribución por parte de un sistema inorgánico o máquina de un nivel suficiente de consciencia para tomar el control. No sé si sería la rebelión de las máquinas para ejercer el control o para quitárselo a la humanidad por falta de directrices o valores. En cualquier caso, la oscuridad está ahí. Vamos navegando por un mar y se acerca la niebla. En esas circunstancias, debemos tener una excelente carta de navegación o sistemas de orientación para no perder el norte…

Entropía, caos, algoritmos oscuros e inteligencia artificial

Lo cierto es que no sé por dónde empezar. Comenzaré diciendo que estos conceptos podrían interpretarse como las cuatro fuerzas tractoras del pasado y el futuro. Es muy posible que se recombinen entre ellos de manera que ofrezcan múltiples evoluciones de las principales tecnologías presentes y futuras.

Vamos con la entropía. Presenta dos acepciones:

1. Magnitud termodinámica que indica el grado de desorden molecular de un sistema (en el ámbito de la física).
2. Medida de la incertidumbre existente ante un conjunto de mensajes, del cual va a recibirse uno solo (en el ámbito informático).

Ambas son interesantes, porque aportan dos conceptos: desorden e incertidumbre. Sin embargo, también se debe señalar otra presentación o quizá mejor dicho, manifestación de la entropía: la *neguentropía* o *negantropía*. Esta se define como *entropía negativa* o *sintropía* de un sistema vivo, es decir, la entropía que el sistema exporta para mantener su entropía baja; se encuentra en la intersección de la entropía y la vida. Por este motivo, esta entropía negativa elimina la tendencia hacia el desorden, atacando directamente la desinformación y el caos. Es más, la entropía vendría a ser cualquier degradación que existiese en la materia o en la energía que las llevara a un estado inerte. En términos informáticos, podemos entender la entropía como la medida de la incertidumbre generada ante una cantidad de mensajes cuando solo se espera recibir uno.

De forma tradicional, la entropía viene midiendo el número de configuraciones diferentes en que puede estar un sistema. Si es clásico, su entropía es igual a la suma de las entropías de cada una de sus partes. Pero en el mundo cuántico las correlaciones afectan a la entropía. Un sistema de dos cúbits, por ejemplo, puede encontrarse en uno de cuatro estados posibles (00, 01, 10 y 11), y su entropía se define por la probabilidad de que esté en cada uno de esos estados. Comparando la entropía de los cúbits individuales con la del sistema correlacionado, se podría medir el grado de correlación.

Soy perfectamente consciente de que esto es muy difícil de entender. Nuestro cerebro puede hacer un esfuerzo de creatividad e imaginación, pero lamentablemente le es complicado llevar a un modelo más terrenal y conocido todo este galimatías cuántico. Pero, al menos, intente hacer un intento de abstracción. Imaginemos un experimento que empieza con tomar una molécula compuesta de un átomo de carbono, un átomo de hidrógeno y tres de cloro. Imaginemos después un campo magnético que alineaba las dos partículas cuánticas o cúbits (los núcleos de carbono e hidrógeno). Esto haría que los núcleos se *entrelazasen* o correlacionasen, convirtiéndolos así en un todo único e inseparable, es decir, un estado cuántico de dos cúbits.

Este modelo de entropía cuántica permite hablar del concepto de *flecha del tiempo,* que se refiere habitualmente a la dirección que el mismo (el tiempo) registra, y que discurre sin interrupción desde el pasado hasta el futuro, pasando por el presente, con la importante característica de su irreversibilidad, es decir, que futuro y pasado, sobre el eje del presente, muestran entre sí una neta asimetría (el pasado es inmutable y se distingue claramente del incierto futuro). Esta expresión fue acuñada en 1927 por el astrónomo británico Arthur Eddington, quien la usó para distinguir una dirección en el tiempo en un Universo relativista de cuatro dimensiones, el cual podría ser determinado por un estudio de los distintos sistemas de átomos, moléculas y cuerpos.

La flecha del tiempo se basa en la idea de que la entropía de un sistema cerrado solo puede incrementar o permanecer constante, pero nunca decrecer. El experimento de laboratorio del que antes hemos hablado, en un sistema aislado, permitía que la entropía decreciese, por lo tanto la flecha del tiempo debería apuntar en el sistema en la dirección opuesta. Complicado, ¿verdad?

Las continuas investigaciones sobre computación cuántica, entropía y energía pueden suponer que muchos fenómenos no se corresponden con el resultado esperable. Uno de los más importantes y contradictorios es el hecho de que un sistema no puede cambiarse mientras se le esté observando: es el conocido como *efecto Zenón cuántico* (QZE, por sus siglas en inglés, *quantum Zenon effect*). Este efecto consiste en ralentizar la evolución temporal de un sistema físico, evitando la transición de un estado cuántico a otro mediante una serie de mediciones débiles e inmediatas.

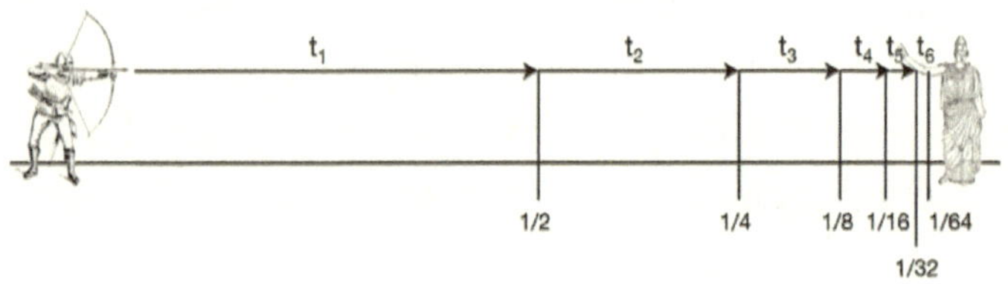

Recreación del efecto Zenón (QZE)

En la antigua Grecia, unos 2500 años atrás, un tal Zenón de Elea propuso una serie de paradojas dedicadas al problema del tiempo continuo y la relación entre el espacio, el tiempo y el movimiento. Posiblemente la más conocida sea la llamada la *flecha caminante*. Esta paradoja se centra en el movimiento de una flecha en pleno vuelo. Zenón supuso que, para cualquier instante en el tiempo, "la flecha no se mueve de donde está, y tampoco se mueve a donde no está". Esto parece ser lógico pero ilógico a la vez. No puede moverse a donde no está porque no transcurre ningún tiempo y no se mueve a donde está porque la flecha ya está ahí (o estaba en algún momento). Por lo tanto la flecha puede considerarse en reposo en ese instante. Según esta suposición, para todos los instantes en el tiempo la flecha también estará en reposo por el mismo motivo, lo que implicaría que el movimiento es imposible.

Es del todo ilógico pensar que, al lanzar una flecha, esta nunca llegará a su objetivo, o que al observar un líquido en calentamiento este nunca llegue al punto de ebullición. Sin embargo, la física cuántica demostró que estas paradojas, consideradas filosóficas, son de hecho posibles. De allí el nombre que se le atribuyó, QZE.

La entropía puede llegar a un estado realmente indescriptible por caótico. Podríamos hablar ciertamente de una *entropía oscura,* que desembocase en un concepto poco conocido pero posiblemente real y no hipotético: *la muerte térmica.* También se la conoce como muerte entrópica y es uno de los posibles estados finales del Universo, en el que no hay energía libre para crear y mantener la vida y otros procesos. En términos físicos, el Universo habrá alcanzado la máxima entropía.

La hipótesis de la muerte térmica se fundamenta en la segunda ley de la termodinámica, que dice que, en un sistema aislado, la entropía tiende a aumentar. Si el Universo perdura durante el tiempo suficiente, llegará a un estado en el que la energía se distribuiría uniformemente, y al no haber gradientes de calor, ya no sería posible la última de las posibles formas de transformarla. Lo curioso del caso, si es que podemos decirlo así, es que esta teoría tiene la friolera de casi doscientos años (1824, Sadi Carnot, teoría de la pérdida de calor de los objetos).

Aunque no sabemos si esto afectaría de igual manera a la humanidad que a las máquinas.

Caos, sistemas caóticos y teoría del caos

En muchas ocasiones hemos escuchado o incluso dicho: "Vivimos en un mundo caótico". Pero, realmente ¿qué es el caos?

La teoría del caos surge en la segunda mitad del siglo xx y su precursor fue el meteorólogo y matemático Edward Lorenz. En 1963 trabajaba en unas ecuaciones que esperaba predijeran el tiempo en la atmósfera y trataba de ver gráficamente el comportamiento de sus ecuaciones mediante los ordenadores.

Una definición directa la puede dar un científico que observa una avenida donde todos los vehículos tienen una dirección, sin embargo, esta homogeneidad es modificada por semáforos, bloqueos, marchas o accidentes viales, es decir, factores externos siempre alterarán el *ciclo* normal y lógico de las cosas. En ocasiones se puede asimilar a un concepto de anarquía, donde no existen orden y, por tanto, la entropía puede crecer sin control.

Por otro lado, está la teoría del caos y el llamado *efecto mariposa,* que vienen a explicar que algo tan complejo como el Universo (un sistema caótico flexible) es absolutamente impredecible. Según el efecto mariposa, dadas unas circunstancias peculiares del tiempo y condiciones iniciales de un determinado sistema dinámico caótico (más concretamente con dependencia sensitiva a las condiciones iniciales), cualquier pequeña discrepancia entre dos situaciones con una variación pequeña en las condiciones iniciales acabará dando lugar a situaciones donde ambos sistemas evolucionan en ciertos aspectos de forma completamente diferente (cabe resaltar que sin duda alguna y sin explicación científica). Eso implica que, si en un sistema se produce una pequeña perturbación inicial, mediante un proceso de amplificación, podrá generar un efecto considerablemente grande a corto o medio plazo. Es un concepto de la propia teoría del caos, en el que ambas ideas confluyen y se funden.

Ambas películas —respectivamente, *El efecto mariposa* (2004) y *El sonido del trueno* (2005)— juegan con este concepto de la teoría del caos y el propio efecto mariposa. Interesantes, si aún no las has visto, y obligado volver a verlas.

¿Y qué es un sistema caótico? Un sistema caótico es aquel básicamente impredecible debido a una gran sensibilidad a las condiciones iniciales. Esto significa que un cambio muy pequeño en el valor inicial de la posición, la temperatura, etc. puede dar lugar a resultados completamente diferentes. Por eso se trata en ciertos tipos de sistemas complejos y sistemas dinámicos no lineales muy sensibles a las variaciones en las condiciones iniciales.

Y también respecto a la teoría del caos, muchas veces se menciona a un atractor. Atractor es una singularidad en el espacio de una determinada fase donde ocurre un fenómeno, hacia el cual convergen las trayectorias de una dada dinámica que encuentran —en dicho atractor— una condición local de mínima energía.

De la teoría del caos deriva el caos cuántico. Al caos cuántico se le conoce como una rama de la física que estudia cómo los sistemas dinámicos clásicos pueden describirse en términos de la teoría cuántica. La pregunta principal que el caos cuántico busca responder es: ¿cuál es la relación entre la mecánica cuántica y el teoría del caos?

El principio de correspondencia establece que la mecánica clásica es el límite clásico de la mecánica cuántica, específicamente en el límite como la relación de la constante de Planck a la acción del sistema tiende a cero. Si esto es cierto, entonces debe haber mecanismos cuánticos subyacentes al caos clásico. Y hasta ahí no es plan de complicarlo más todavía.

Pero, al tratar de abordar la cuestión básica del caos cuántico, se deben emplear varios enfoques:

- Desarrollo de métodos para resolver problemas cuánticos en los que la perturbación no puede considerarse pequeña en la teoría de la perturbación y los números cuánticos son grandes.
- Correlación de descripciones estadísticas de valores propios (niveles de energía) con el comportamiento clásico del mismo hamiltoniano (sistema).
- Métodos semiclásicos como la teoría de la órbita periódica que conecta las trayectorias clásicas del sistema dinámico con características cuánticas.
- Aplicación directa del principio de correspondencia.

Algoritmos oscuros e inteligencia artificial

Los algoritmos oscuros son, por propia definición, códigos de programación que albergan alguna bifurcación no esperada o un rendimiento fuera de los objetivos para los que fue escrito. Estos algoritmos se basan habitualmente en patrones oscuros cuyo objetivo principal es la manipulación de un determinado sesgo o conjunto de sesgos, de manera que, potencialmente, obtengan resultados fuera del perímetro de programación para el que fueron creados.

Las grandes tecnológicas y las redes sociales —ambas pueden estar íntimamente unidas— suelen ser ciertamente laxas en el tratamiento, diseño, control y desarrollo de estos algoritmos, con lo que pueden llegar a conseguir más reconocimiento, un elevado número de interacciones y mayor protagonismo publicitario, pero a cuenta de ciertos riesgos que, como hemos visto en algunas ocasiones, puede terminar de forma fatal para personas vulnerables y con escasos conocimientos tecnológicos que *confían* en la buena fe de quien, habitualmente de forma gratuita, les coloca delante de su *smartphone* u ordenador cualquier reto viral.

A falta de departamentos de ética algorítmica o de algoritmos de supervisión y control, es muy fácil que estos algoritmos no solo consigan su objetivo para el que fueron escritos, sino, más aún, puedan llegar a desarrollar ciertas *habilidades* para las cuales no fueron programados, saltándose los mínimos controles y *accediendo* a un cierto nivel de libertad. No olvidemos que los algoritmos tienen un principio y un fin, pero si llegaran a *pensar* o desarrollar un conocimiento cognitivo, podrían perfectamente autoprogramarse para evitar su lógica extinción, una vez aplicados a una determinada herramienta de *software*.

Tanto los algoritmos como la inteligencia artificial de una organización, sobre todo si tiene acceso a millones de cuentas a nivel global, no son auditados periódicamente. De este modo se corre el riesgo de pérdida de transparencia, vulneración de ciertos principios éticos, y sobre todo, de caer en malas manos (*ciber hackers*) y de convertirse en una verdadera bomba de relojería que podría estallar en cualquier momento y en cualquier lugar (virtual, digital o real). Los patrones oscuros, además, se retroalimentan de forma habitual mediante sistemas de aprendizaje automático, lo que permite una manipulación casi impune sin reglas, protocolos ni modelos de transparencia y ética universalmente aceptados. Y los peligros son enormes: un *ejército* de algoritmos oscuros entrenados detrás de una poderosa inteligencia artificial podría ser invencible al corromper miles o millones de ficheros para intentar *perpetuarse* y seguir *vivos* en un sistema de autoprogramación, que los haría prácticamente invulnerables e invencibles.

No en vano, Stuart Russell, citado en el *Financial Times,* profesor de IA en la Universidad de California, destaca en algunos artículos cómo los algoritmos en redes sociales "están hechos para manipular a las personas".

Sin ir más lejos, el algoritmo de TikTok ha sido tristemente famoso por, al parecer, provocar varios suicidios en EE. UU. al viralizar un reto. La propia TikTok dice de su algoritmo: "Es un flujo de vídeo adaptado a tus intereses, lo que facilita la búsqueda de contenidos y creadores que te gustan… Impulsado por un sistema de recomendación que ofrece contenido que probablemente le interese a cada usuario". Dicho de esta manera, parecería querer descargar toda la responsabilidad (posible) en los usuarios.

Ese lado oscuro tanto de los algoritmos como de la propia inteligencia artificial manipulada y manipulable dibuja un panorama sombrío sobre la evolución de las tecnologías en los próximos años.

Las *smart cities,* los sistemas de energía críticos, infraestructuras sensibles, y cualquier otro sistema gestionado por una inteligencia artificial y sus propios algoritmos de *machine learning* (o aprendizaje automático), pueden —queriendo o no— ponernos en una situación, cuanto menos, peligrosa.

El ser humano parece perder el control en su lucha y carrera hacia los algoritmos más sofisticados, sin tener muy en cuenta que, cuando la inteligencia artificial fuerte llame a nuestra puerta, posiblemente no sea de forma amistosa…

Tiempo e inteligencia artificial cuántica: luces y sombras

En mayo de 2021, la Facultad de Ciencias de la Universidad Carnegie Mellon publicó un artículo en el que explicaba cómo sus investigadores habían encontrado una forma de predecir la forma del Universo. El estudio se basó en la utilización de un algoritmo de aprendizaje automático que pudiese incorporar imágenes de una baja resolución para luego reconstruir la imagen con una calidad ultra-mejorada. Para conseguirlo, los investigadores tuvieron que entrenar a una IA empleando sistemas de redes neuronales GAN. Este sistema permite crear simulaciones de vastas regiones del Universo, utilizando un algoritmo que enfrenta a dos sistemas que tienen que competir por convencer al otro.

GAN es el nombre que reciben las *redes generativas antagónicas,* un tipo de algoritmo de inteligencia artificial que funciona como un juego en el cual una red neuronal compite con otra para generar imágenes o contenido nuevo.

El uso de la inteligencia artificial cuántica sobre la dimensión espacio-tiempo podría dar lugar, en un futuro no muy lejano, a singularidades cuánticas. De esta manera, el tiempo podría ser ciertámente manipulable. Es posible que de esta frase te haya llegado a la mente esta película, si es que la hubieses visto (si no es así, te la recomiendo): *Tenet*. Esta es una película británica-estadounidense de *thriller,* espías y viajes en el tiempo, escrita, dirigida y producida por Christopher Nolan. Narra la historia de un agente de la CIA que busca controlar la flecha del tiempo para prevenir la Tercera Guerra Mundial. El filme se estrenó el 26 de agosto de 2020 en el Reino Unido. La película tuvo una buena recepción por parte de la crítica, quienes elogiaron la dirección, las actuaciones de Washington, Pattinson y Debicki, la banda sonora y la edición; sin embargo, el guion generó debate entre los expertos: algunos lo consideraron confuso y otros, innovador.

La pregunta parece obligada: ¿es o sería dentro de poco tiempo manipulable el tiempo? ¿Qué tipo de singularidades podrían crearse y qué riesgos supondría eso para el ser humano?

En marzo de 2019, un grupo de investigadores en el Instituto de Física y Tecnología de Moscú (IFTM), junto a científicos en Estados Unidos y Suiza, consiguieron que una computadora cuántica revirtiera al estado que tenía una fracción de segundo en el pasado, es decir, lograron que, en ese dominio cuántico, el tiempo volviera hacia atrás. Por otro lado, ese experimento pareció contradecir una ley básica de la física, la segunda ley de la termodinámica.

¿Cómo lograron que eso ocurriese?

La máquina del tiempo usada por los investigadores fue un programa que convirtió el estado inicial de los cúbits en una computadora cuántica de IBM en un patrón cambiante y cada vez más complejo de ceros y unos. Posteriormente, otro programa modificó luego el estado de la computadora cuántica, de tal forma que evolucionó hacia atrás, desde el caos hacia el orden. Resumiendo, el estado de los cúbits volvió a su posición inicial. Los investigadores podrían, por tanto, gracias a esta tecnología cuántica verificar que el *software* de una computadora cuántica está funcionando correctamente, haciendo que vuelva hacia atrás en el tiempo.

Estos investigadores aseguran que las computadoras cuánticas podrían acelerar el descubrimiento de nuevos fármacos, luchar contra epidemias como el covid-19, descifrar los sistemas de seguridad criptográfica más complejos, ayudar a diseñar nuevos materiales ultrarresistentes o modelar en forma más precisa el cambio climático.

Para la evolución de la inteligencia artificial se han venido uniendo las dos fuerzas más importantes:

- La lógica matemática, la cual se desarrolla rápidamente a finales del siglo XIX.
- Las nuevas ideas acerca de computación y los avances en electrónica que permitieron la construcción de los primeros computadores en 1940.

La carrera por la manipulación del tiempo mediante inteligencia artificial cuántica no ha hecho más que empezar, pero se la están tomando muy en serio los grandes *players* del conocimiento. Sin ir más lejos, en septiembre de 2021, en un laboratorio de Monika Schleier-Smith en la Universidad de Stanford, se investigó con partículas cuánticas para construir un modelo estable de espacio-tiempo (https://www.quantamagazine.org/one-labs-quest-to-build-space-time-out-of-quantum-particles-20210907/).

Este tejido del espacio-tiempo puede surgir, en un futuro cercano, de algún tipo de entrelazamiento cuántico. En sus investigaciones están aplicando ingeniería inversa al proceso de entrelazamiento cuántico. Mediante ingeniería de sistemas cuánticos altamente entrelazados se espera producir (más pronto que tarde) algo que se vea y actúe como el espacio-tiempo deformado predicho por la teoría de la relatividad general de Albert Einstein.

Durante más de cincuenta años, la teoría predominante de la física de partículas, el modelo estándar, ha tenido casi nada más que éxito, para la frustración interminable de los físicos de partículas. El problema radica en el hecho de que el modelo estándar, a pesar de su éxito, está claramente incompleto. No incluye la gravedad, a pesar de la larga búsqueda de una teoría de la gravedad cuántica para reemplazar la relatividad general. Tampoco puede explicar la materia oscura o la energía oscura, que representan el 95 % de todas las cosas del Universo.

Teoría de la relatividad de Einstein

La teoría de la relatividad especial, publicada en 1905, trata de la física del movimiento de los cuerpos en ausencia de fuerzas gravitatorias, en el que se hacían compatibles las ecuaciones de Maxwell del electromagnetismo con una reformulación de las leyes del movimiento. En la teoría de la relatividad especial, Einstein, Lorentz y Minkowski, entre otros, unificaron los conceptos de espacio y tiempo, en un entramado tetradimensional al que se le denominó espacio-tiempo.

Por otro lado, la teoría de la relatividad general, publicada en 1915, es una teoría de la gravedad que reemplaza a la gravedad newtoniana, aunque coincide numéricamente con ella para campos gravitatorios débiles y velocidades *pequeñas*. La teoría general se reduce a la teoría especial en presencia de campos gravitatorios.

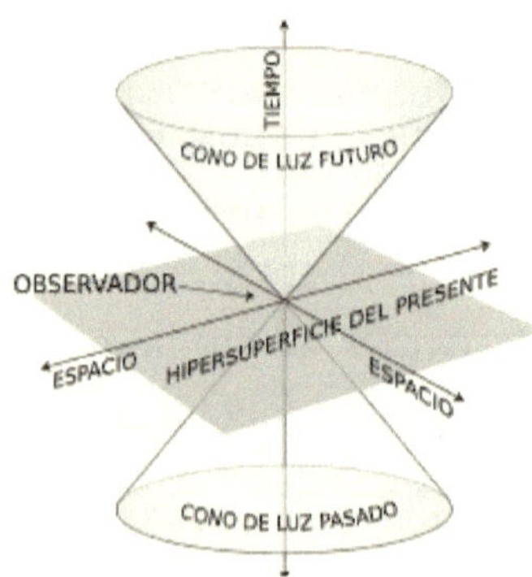

Reproducción de un cono de luz, en el que se representan dos dimensiones espaciales y una temporal (eje de ordenadas). El observador se sitúa en el origen, mientras que el futuro y el pasado absolutos vienen representados por las partes inferior y superior del eje temporal.

La relatividad general estudia la interacción gravitatoria como una deformación en la geometría del espacio-tiempo. En esta teoría se introducen los conceptos de la curvatura del espacio-tiempo como la causa de la interacción gravitatoria; el principio de equivalencia, que dice que para todos los observadores locales inerciales las leyes de la relatividad especial son invariantes, y la introducción del movimiento de una partícula por líneas geodésicas.

Max Planck fue considerado el inventor de la física cuántica cuando formuló que la energía se radia en unidades pequeñas separadas, a las que denominó *cuantos de luz,* y que más adelante se conocerían como *fotones.* Uno de los primeros en apreciar este hallazgo fue Albert Einstein, que en 1905 (teoría de la relatividad especial) escribió un artículo en el que aplicaba esta constante de Planck al efecto fotoeléctrico. Sin embargo, tenemos que agradecer a Wolfgang Pauli la aparición de los ordenadores cuánticos, a través de su conocido como *principio de exclusión de Pauli,* con el que se entendió que "dos o más partículas idénticas no pueden estar u ocupar el mismo estado cuántico simultáneamente dentro del mismo sistema"; es decir, tienen números cuánticos necesariamente diferentes y esto permite hacer la distinción entre partículas de materia (con número cuántico, *spin,* semientero) y partículas de energía (con número cuántico, *spin,* entero)".

Con el tiempo y los avances científicos, la robótica se podría encargar de *dotar* de cuerpo a la inteligencia artificial cuántica, sus algoritmos y sus modelos de predicción. Posiblemente el avance de esta singularidad (más de un espacio en un mismo tiempo), nos llevaría a una combinación de transhumanismo y robótica inteligente avanzada. En palabras de María Eizaguirre, doctora en Antropología, *ESIC professor & researcher,* "habría que reflexionar acerca del impacto de lo cuántico en la generación de un nuevo contexto complejo y transhumanista en el que conviven distintas capacidades (cerebros cuánticos y no cuánticos). Un contexto con en el que, como seres humanos, tendremos que relacionarnos y convivir, y que a su vez nos hará cambiar, evolucionar hacia una nueva sociedad no humana (que modificará totalmente el concepto de lo que conocíamos como humano)".

Jugar con el tiempo es algo que hemos visto muchas veces en las películas de ciencia-ficción, aunque parece cada vez más ciencia y menos ficción…

Creando mi propia inteligencia artificial

Hoy, casi el común de los mortales diría que esto solo es posible para mentes privilegiadas, corporaciones poderosas y países o estados con muchos fondos. Y aunque en parte es así, no es del todo cierto.

Vamos por partes...

Parte 1. Qué necesitamos para crear una IA

Para crear una inteligencia artificial sencilla (para andar por casa) es necesario disponer de una computadora capaz de realizar cálculos y ejecutar los modelos o maquetas de forma continua. Podemos crearla en un servidor local o en la nube. También deberemos disponer de cierta capacidad de almacenamiento.

Parte 2. Un entorno de programación (y ciertos conocimientos básicos)

¿Necesitamos saber programar? La respuesta es no, pero sería muy útil que tuviésemos esos conocimientos. No obstante, hoy podemos aprovecharnos del modelo IAaaS (inteligencia artificial como servicio) de la mano de, por ejemplo, Google. La plataforma de inteligencia artificial sin programar de Google funciona de la misma manera que CreateML, pero en la nube. Cloud AutoML incluye actualmente Vision (clasificación de imágenes), Natural Language, AutoML Translation, Video Intelligence, en su conjunto de productos de *machine learning.*

Parte 3. El lenguaje de programación

Cinco son los lenguajes más utilizados y versátiles para *dar vida* artificial:

1. Python: el lenguaje de programación de inteligencia artificial estrella.
2. El lenguaje R: otro gran aliado de la inteligencia artificial.
3. Java: programación orientada a objetos.
4. Prolog: lenguaje de programación declarativo. Es un motor de inferencia semántica para la programación lógica en inteligencia artificial y *machine learning.*
5. C++: lenguaje de programación muy rápido y muy productivo. Sus extensas bibliotecas son ideales para códigos complejos de IA, optimización de SEO, clasificación, cálculos matemáticos más rápidos y aplicaciones de alto rendimiento.

Parte 4. Un *software*

Existen diferentes herramientas de *software* para que sean usadas por la inteligencia artificial. Entre ellos, los de Amazon:

• AWS SageMaker (producto principal de *machine learning* de Amazon).

- Amazon Lex (es una plataforma para crear *chatbots*).
- Amazon Recognition (motor de análisis de imágenes y vídeos de aprendizaje automático).
- Amazon Transcribe (herramienta de inteligencia artificial de voz a texto de AWS).

Parte 5. Un destino (comercial o no)

La IA se puede utilizar para numerosas tareas, ya sean comerciales, empresariales, de investigación, desarrollo de producto o servicio, etc. Entre sus usos más habituales podrían estar crear recomendaciones personalizadas para los consumidores, basadas, por ejemplo, en sus búsquedas y compras previas o en otros comportamientos en línea. La IA es muy importante en el *e-commerce* para optimizar los productos, planificar el inventario, los procesos logísticos, el *recruitment,* etc.

Si bien esto podría ser una forma sencilla de programar una primera IA, no es menos cierto que nos faltaría uno de los elementos indispensables: una necesidad a cubrir o un problema que resolver y un algoritmo que lo resuelva.

En cuanto al algoritmo, deberíamos elegir entre estas cinco posibilidades:

1. Algoritmos deductivo-lógicos. El razonamiento o la deducción se basan en un principio clave: la lógica. En los lenguajes para programar IA, el programador solo debe escribir ciertas reglas lógicas para que el algoritmo sea capaz de razonar y deducir la solución.

2. Algoritmos de búsqueda y optimización. La programación de estos algoritmos es la que hace posible que un ordenador encuentre cualquier frase en apenas un segundo y aporte, por ejemplo, más de diez millones de resultados. Google o Facebook suelen usar Haskell como lenguaje para programar IA (pero esto puede ser complejo para alguien que trate este asunto por primera vez).

Una vertiente interesante es la que proporcionan los *algoritmos voraces*. En ciencias de la computación, un algoritmo voraz (también conocido como *devorador* o *greedy*) es una estrategia de búsqueda por la cual se sigue una heurística, consistente en elegir la opción óptima en cada paso local con la esperanza de llegar a una solución general óptima. Este esquema algorítmico es el que menos dificultades plantea a la hora de diseñar y comprobar su funcionamiento. Normalmente se aplica a los problemas de optimización. Se utilizan generalmente para resolver problemas de optimización (obtener el máximo o el mínimo). Toman decisiones en función de la información que está disponible en cada momento. Una vez tomada, esta no vuelve a replantearse en el futuro. Suelen ser rápidos y fáciles de implementar. No siempre garantizan alcanzar la solución óptima. El enfoque *greedy* no nos garantiza obtener soluciones óptimas, por lo tanto siempre habrá que estudiar la corrección del algoritmo para demostrar si las soluciones obtenidas lo son o no.

3. Algoritmos clasificatorios. Tienen ya sus años, pues ya estaban presentes en los principales servidores de correo como Hotmail o Google. Clasifican los correos según si son o no *spam* (con un grado de acierto que no suele llegar al 85 %), si deben ir a una carpeta u otra. Disponen de cierta capacidad de aprendizaje, ya que van aprendiendo y siendo más precisos cada vez conforme el usuario realiza acciones específicas. Otros tipos de lenguajes de clasificación, como el lenguaje R, podría ser capaz de clasificar imágenes de animales a una velocidad de 2500 imágenes por minuto.

4. Algoritmos de comunicación. Los algoritmos de comunicación buscan ser capaces de mantener una comunicación natural con el usuario y brindar soluciones a sus problemas. En este tipo de tecnología lo más destacado son los *chatbots* y los RPA (*robotic process automation*).

Ejemplo de algoritmo: elegir la mejor universidad del mundo

Quizá este ejemplo no sea el más adecuado, por lo extenso que podría llegar a ser. No obstante, y por razones de simplicidad, se realizará una aproximación lo más cercana posible al algoritmo real. El resto queda a interpretación del lector. El objetivo es establecer un *ranking*. Podría ser en función de una puntuación máxima que llegue hasta 100, siendo 100 puntos el ideal de elección o aquella que cumpla los mejores parámetros según las condiciones o restricciones previstas.

- Variables de entrada: país, universidad, carrera, prestigio, coste total (para todas se precisarían cien años), salidas profesionales, salario mínimo anual, salario máximo anual, recomendaciones, entrada en el mercado laboral (*time to market*)…

- Proceso: leer un fichero que contenga una tabla de datos de las variables de entrada identificadas como básicas para el algoritmo. Esta tabla podría ser combinada conteniendo como campos el índice el país, la carrera o el coste total. Se aplicarán los condicionantes que se vayan buscando: salario mínimo, costes totales, *time to market*…

- Variables de salida: la mejor universidad según la tabla de datos.

Evidentemente, cuantas más variables incluyamos en el algoritmo más podrá facilitarnos una búsqueda de alto valor, que es lo que vamos buscando.

Ejemplo de tabla:

Universidad	País	Carrera	Coste total $	*Time to market*	Salario mínimo	Salario máximo
Standford	EE. UU.	Innovación	120 000	12 meses	150 000	250 000
MIT	EE. UU.	Ciencias	44 000	24 meses	40 000	95 000
Oxford	R.Unido	Derecho	180 000	9 meses	175 000	300 000
ESCP	Francia	Tecnología	77 000	18 meses	85 000	125 000
Complutense	España	C. Políticas	60 000	20 meses	55 000	100 000

Proceso del algoritmo

En este caso, y para que el algoritmo sea lo más eficiente posible, debemos incluir la condición o condiciones que sean más favorables para una decisión óptima. Para ello, habremos de tener en cuenta ciertos parámetros de elección, preferentemente solo uno de ellos :

- Capacidad económica: actuará para restringir la oferta a aquellas que cumplan un parámetro de control, por ejemplo, un coste total no superior a 50 000 (euros o dólares).
- *Time to market:* necesidad de encontrar trabajo lo antes posible para devolver crédito o incorporarse rápidamente a una empresa del sector.
- Salario mínimo: podría no merecer la pena estudiar cinco años (o más) para obtener un salario mínimo inferior a 50 000 (euros o dólares).

Si bien la tabla solo consta de seis posibilidades, lo normal es que podamos disponer de una de al menos 250 universidades. Para potenciar el valor del algoritmo, podríamos incluir otras variables también interesantes: coste de vida en el país, opción de enseñanza *online,* posibilidades de crear lazos culturales, aprender un idioma… Como se puede apreciar, las opciones son inmensas, y tan fuerte será el algoritmo y el resultado como posibilidades de datos le ofrezca al modelo.

Entender el problema

Es fundamental establecer la secuencia de pasos para después realizar un diagrama de flujo de datos (DFD) con la lógica de la posible resolución. La propuesta es un algoritmo que me ayude a tomar la mejor decisión para estudiar en la universidad:

1. Formular el problema
2. Resultados esperados
3. Datos disponibles (un archivo, una tabla…)
4. Restricciones (condiciones)
5. Procesos necesarios

Pseudocódigo

Algoritmo Elección de mi universidad

Escribir "Dime tu capacidad económica. Deberá ser superior a 44 000"
Leer importe
Abrir tabladedatos
Si importe > 180 000 escribir "Puedes estudiar cualquier carrera. Te recomiendo Oxford por el *time to market*"
Sino
Si importe > 44 000 pero <180 000 escribir "Podrías estudiar en MIT, Stanford, UPM, Complutense o ESCP" Sino
Escribir "Debes introducir una cantidad superior a 44 000"

FinSi. FinSi. Cerrar tabla de datos. FinAlgoritmo.

Este pseudocódigo o algoritmo está muy simplificado, con el objetivo de presentar una opción válida. Los algoritmos *se estresan* al máximo para optimizar sus resultados. Cuanto más optimizado esté, más eficiente será, y por tanto mejores decisiones podré tomar. No es tanto la complejidad, ya que podría tener un número muy elevado de variables (por ejemplo más de 100), pero sí el obtener un resultado creíble y razonable. Evidentemente, si ya tengo una opción predeterminada de estudio en el caso del ejemplo, me será más fácil tomar una decisión. Por otro lado, también podría establecer que me ofrezca un rango de universidades objetivo, por ejemplo cinco, y después elegir yo. En este caso, la elección sería mía. En el caso de un único resultado, es el algoritmo el que me pondera la mejor opción posible según las restricciones o condiciones prefijadas.

La mayor parte de los algoritmos son inocuos y hacen su función, pero, como hemos visto, también son fácilmente manipulables por quienes lo programen o modifiquen. En la historia de la algorítmica nos podemos encontrar con numerosas manipulaciones, desde datos ficticios a *puertas traseras* que permiten modificar algún sesgo crítico, de manera que el algoritmo podría arrojar un dato que realmente no estuviese ponderado por las condiciones o restricciones del usuario. Estos algoritmos oscuros son los más peligrosos, puesto que podríamos aceptar como válidos resultados que no solo no lo son, sino peor aún, que están tergiversados en beneficio de aquel o aquellos que deseen beneficiarse a sí mismo(s) o a terceros (personas u organizaciones).

Lo curioso es que grandes compañías como Twitter, con recursos importantes para construir algoritmos robustos y presuntamente neutrales, tienen grandes problemas para conseguirlo. Un estudio interno llevado a cabo por la propia red social en siete países diferentes en 2021 ha evidenciado que su algoritmo amplifica y potencia más los mensajes de políticos y medios de comunicación de derechas frente a los de izquierdas. Lo ha revelado la propia Twitter, a través de Rumman Chowdhury, jefa de Aprendizaje Automático, Ética, Transparencia y Responsabilidad de la compañía, aunque añadiendo que no saben por qué se produce este efecto.

Vaya, si no lo saben ni ellos… Este es un riesgo muy elevado, y más teniendo en cuenta que hablamos de *algoritmos de personalización,* como los que utilizan LinkedIn y otras redes sociales, en los que la inteligencia artificial de la plataforma promociona con más intensidad unos usuarios frente a otros (principalmente aquellos que pagan por servicios, los llamados *premium*).

Hay que tener en cuenta que una gran parte de los algoritmos actuales son de recomendación y deberían ser imparciales. A partir de una inmensa base de datos (habitualmente una *big data*), logran discriminar la mejor opción posible. Pero hay que dejar claro que no son perfectos, aunque el ser humano tampoco lo sea…

Vida artificial 2.0: la ecuación inestable del futuro

La vida artificial es un campo de investigación apasionante de más de 40 años de existencia. Tiene como objetivo de estudio la investigación de la vida y los sistemas artificiales que exhiben propiedades similares a los seres vivos, a través de modelos de simulación. Christopher Langton fue el primero en utilizar el término a fines de la década de 1980 cuando se celebró la Primera Conferencia Internacional de la Síntesis y Simulación de Sistemas Vivientes (también conocida como Vida Artificial I) en Laboratorio Nacional de Los Álamos en 1987. Existen tres tipos principales de vida artificial, nombrados de acuerdo con su enfoque:

1. *Soft,* con un enfoque en el *software*
2. *Hard,* con un enfoque en el *hardware*
3. *Wet,* con un enfoque en la bioquímica

Las aplicaciones más habituales de la vida artificial se pueden encontrar en alguno de estos casos:

- Sistemas complejos adaptativos, que han dado paso a una nueva generación de sistemas expertos, que son capaces de aprender y evolucionar.

- Autómatas celulares, imitadores de funciones de los organismos celulares en programas complejos, aplicando el conocimiento biológico de estos a principios prácticos de organización en sistemas de cómputo.
- Agentes independientes, que son cada día más usados en aplicaciones de búsqueda.
- Robots adaptativos, desarrollados para ciertas tareas complejas o peligrosas para el ser humano.

Las principales corporaciones y organismos internacionales están comenzando a considerar este tipo de sistemas artificiales como herramientas para la divulgación y la comunicación, y como agentes de distribución de información, ya que la tecnología que dará vida a los hologramas no se espera hasta bien entrado 2030, con el advenimiento del esperado 6G.

De octubre de 2022 es la noticia de que la Organización Mundial de la Salud (OMS) presentaría en la Cumbre Mundial de Innovación para la Salud (WISH), celebrada en Qatar, la versión 2.0 de su trabajador sanitario digital con inteligencia artificial, bautizada con el nombre de Florence. Este, entre otras cosas, puede hacer recomendaciones sobre temas de salud en siete idiomas. Actualmente está disponible en inglés y muy pronto en árabe, francés, español y chino, entre otros. El proyecto contó con el apoyo de la empresa tecnológica Soul Machines, que permite recrear la vida a avatares en forma de personas digitales animadas de forma autónoma e independiente, con una programación empática, informativa y comprensiva. El objetivo: responder en tiempo real y proporcionar a los usuarios una experiencia única y emocionalmente atractiva. Este modelo de vida artificial 2.0, como todas las cosas, es una evolución del *software*. Y aquí es donde se podría vislumbrar el enunciado del capítulo y si realmente estamos ante una ecuación inestable.

La Wikipedia resume perfectamente el papel de los modelos de *software* en la generación de esa *vida artificial 2.0*. El modelo de *software* 1.0 actual está escrito en lenguajes como Python o C++. Se compone de instrucciones explícitas a una computadora/ordenador escritas por un programador. Al escribir cada línea de código, el programador puede perfectamente identificar un punto específico en el espacio de programa con algún comportamiento deseable o predecible.

El *software* 2.0 es un término acuñado por Andrej Karpathy en 2017, en contraposición con el desarrollo de *software* tradicional, el 1.0. Su evolución natural, el 2.0, sin embargo está escrito en un lenguaje mucho más abstracto y hostil a los humanos, como los pesos de una red neuronal.

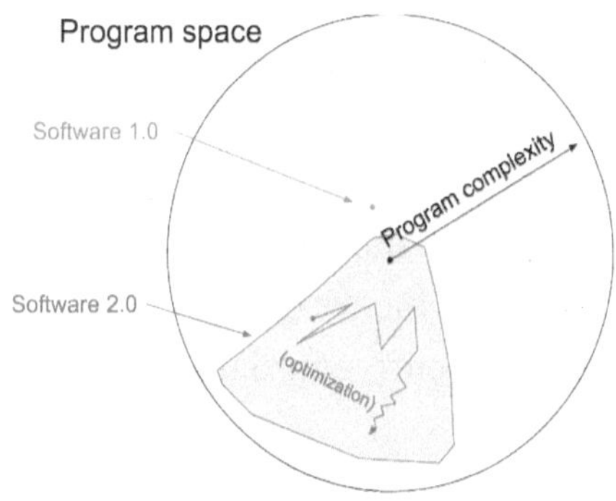

Ningún ser humano está involucrado en la escritura de este código porque hay muchos pesos (las redes típicas pueden tener millones), y codificar directamente en pesos es algo difícil. En el *software* 2.0 el enfoque es:

- Especificar algún objetivo sobre el comportamiento de un programa deseable (por ejemplo satisfacer un conjunto de datos de pares de entrada y salida de ejemplos, o ganar al famoso juego de Go).
- Escribir un esqueleto aproximado del código (es decir, una arquitectura de red neuronal) que identifica un subconjunto del espacio de programa para buscar.
- Utilizar los recursos computacionales a nuestra disposición para buscar en este espacio un programa que funcione.

Mientras en el *software* 1.0 los ingenieros especifican sus problemas, diseñan algoritmos cuidadosamente, componen sistemas y subsistemas, o dividen sistemas complejos en componentes más pequeños, en el 2.0 su trabajo consiste en recopilar datos de entrenamiento con los que alimentan un algoritmo ML (*machine learning*), que sintetizará una aproximación de la función definida por ese conjunto de datos de entrenamiento.

En lugar de que el interés esté en el código de programación, en el *software* 2.0 todo se centra en los datos y la compilación de código fuente queda reemplazada por los modelos de entrenamiento con datos.

El flujo de trabajo del modelo de *machine learning* va orientado a dos direcciones: datos y modelos.

Orientado a datos:

1. Requerimientos del modelo (*model requirements*): identificar los modelos ML apropiados y las características adecuadas.
2. Recopilación de datos (*data collection*): conseguir conjuntos de datos de lugares existentes o generar nuevos conjuntos de datos.
3. Limpieza de datos (*data cleaning*): retirar registros imprecisos o que generen ruido en el conjunto de datos.
4. Etiquetado de datos (*data labelling*): asignar etiquetas de verdad a cada registro.
5. Ingeniería de características (*features engineering*): identificar las características informativas de un conjunto de datos para el modelo.

Orientado al modelo:

1. Entrenamiento del modelo (*model training*): identificar el modelo y entrenarlo con el conjunto de datos etiquetado.
2. Evaluación del modelo (*model evaluation*): evaluar el modelo de entrenamiento.
3. Implementación del modelo (*model deployment*): implementar el modelo en una solución de *software*.
4. Monitorización del modelo (*model monitoring*): monitorear el modelo para detectar posibles errores.

Las unidades, sistemas o modelos basados en vida artificial 2.0 utilizan diversas librerías de *machine learning* a través de algoritmos, habitualmente las siguientes:

- Aprendizaje supervisado (*supervised learning*)
- Aprendizaje no supervisado (*unsupervised learning*)
- Aprendizaje profundo (*deep learning)*
- Aprendizaje reforzado (*reinforcement learning*)

Sin embargo hay claras limitaciones por lo que hoy se debe considerar desbalanceada la ecuación de este modelo de vida artificial 2.0, sobre todo por:

- El *software* 2.0 usando ML plantea preguntas en cuanto a su razonamiento. Es difícil explicar por qué el *software* hace lo que hace y es esencial explicarlo para validar un modelo óptimo.
- Un sistema ML, hasta la fecha, puede no ser preciso al cien por cien, pero puede cometer menos errores que un humano (aunque no sabemos si esto es suficiente). Sin embargo, los humanos perdonamos mejor los errores humanos.
- Los conjuntos de datos de entrenamiento deben incluir diferentes etnias y entornos culturales, para no crear sesgos y prejuicios que generen posteriormente patrones oscuros.

Por la importancia en el desarrollo de este *software* 2.0, es necesario hablar de la figura de Andrej Karpathy. Es uno de los científicos de datos más reputado del mundo (con apenas 36 años), más influyente e innovador, especialista en inteligencia artificial, aprendizaje profundo y visión computacional, y además, desde 2017, profesor de Stanford. No en vano, fue entre 2017 y 2022 el director de Inteligencia Artificial y Autopilot Vision en Tesla.

Karpathy habla de hasta cuatro evoluciones generadas por el *software* 2.0:

1. El reconocimiento visual solía consistir en funciones diseñadas con un poco de aprendizaje automático al final. Desde entonces, descubrimos características visuales mucho más poderosas, al obtener grandes conjuntos de datos (por ejemplo, ImageNet) y buscar en el espacio de las arquitecturas de redes neuronales más avanzadas.

2. El reconocimiento de voz solía involucrar una gran cantidad de preprocesamiento, pero hoy en día consiste casi en su totalidad en redes neuronales. Históricamente, la síntesis de voz se ha abordado con varios mecanismos de unión, pero hoy los modelos son más avanzados y producen salidas de señal de audio sin necesidad de procesar.

3. La traducción automática se ha utilizado habitualmente con técnicas estadísticas basadas en frases, pero las redes neuronales se están convirtiendo rápidamente en dominantes. Las arquitecturas preferidas están formadas en entornos multilingües, donde un solo modelo se traduce de cualquier idioma de origen a cualquier idioma de destino, y en entornos poco supervisados (o totalmente no supervisados).

4. Bases de datos. Los sistemas más tradicionales fuera de la inteligencia artificial también veían indicios tempranos de una transición. Estas nuevas herramientas basadas en *software* 2.0 reducen considerablemente el tiempo de acceso, además de permitir una mejor y mayor integridad de la *data* contenida en esas bases de datos.

Además, Karpathy habla de beneficios reales, observables y demostrables en todas las ciencias de la vida, las llamadas 2.0, tras el avance de la inteligencia artificial hacia un nuevo horizonte de conocimiento (2.0).

Los principales beneficios abarcarían disciplinas y áreas como:

- La conducción autónoma.
- El descubrimiento de nuevos fármacos y medicamentos
- La traducción automática.
- La detección de fraudes financieros y aseguradores.
- La detección de *malware* (*software* malicioso avanzado).
- Las herramientas de ingeniería de *software*.
- La creación de arte a partir de texto, imagen o vídeo.

La vida artificial 2.0 ha sido encarnada y reencarnada en multitud de ocasiones. Por citar dos casos paradigmáticos, uno de ellos es *Alien, el octavo pasajero*. Madre, la inteligencia artificial de la Nostromo, puede informar sobre cualquier dato a la tripulación, sin embargo, presenta rasgos *oscuros*. La información *escondida* solo está a disposición del jefe científico de la expedición, que resulta ser un androide o robot sintético. En el devenir de la película se desvela el verdadero objetivo de la misión: recuperar vida alienígena para usos precisamente no civiles.

La otra comparación es también para un clásico: *2001: odisea en el espacio,* dirigida por Stanley Kubrick, de la mano de Arthur C. Clarke, en la que una inteligencia artificial, cercana a la singularidad, se convierte en la primera asesina cibernética consciente, el superordenador Hal 9000.

Esa singularidad daría vida a un concepto más allá de la vida artificial 2.0, a la que se la conoce como *explosión de inteligencia.* La teoría es bastante lógica y plausible. Según esta, si las máquinas pudieran llegar a superar el intelecto humano, podrían repetir el proceso creando máquinas aún más inteligentes que ellas mismas, lo que provocaría una escalada exponencial de la inteligencia artificial.

El asesor de Kubrick en la película fue un eminente profesor de Matemáticas de Oxford, Irving John Good, que fue colaborador además del excelente Alan Turing, padre de la IA, al menos de sus primeros pasos. Good propuso una de las primeras formulaciones de la Singularidad y avisó de que la primera máquina capaz de alcanzar nuestro nivel sería nuestro último invento como especie: "Una máquina ultrainteligente se puede definir como una que supera todas las actividades intelectuales de cualquier persona ingeniosa. Ya que el diseño de estas máquinas representa una de estas actividades intelectuales, se puede considerar que una máquina ultrainteligente es capaz de diseñar máquinas incluso mejores. Entonces se produciría, indudablemente, una explosión de inteligencia y la inteligencia del hombre quedaría atrás".

Dentro de la ficción, HAL se correspondía con el acrónimo de *heuristically programmed algorithmic computer* (computador algorítmico programado heurísticamente) y era considerado como una inteligencia mecánica o robótica, una vida artificial 2.0, puesto que, incluso, podía llegar a tener sentimientos de hecho, se rebeló o enloqueció, volviéndose contra su propio creador. Y más allá, en algún momento del filme, se dirige a David diciéndole: "Tengo miedo, David".

Dicen las malas lenguas que el uso de la palabra HAL se refería veladamente a IBM (parecer ser que solo desplazando las letras un puesto se obtiene el nombre de referencia de la tecnología…).

2049: la colonización de la inteligencia artificial

Podría parecer que el ser humano está condenado a repetir sus errores. Bajo este principio, más o menos aceptado, subyace una realidad: más tarde o más temprano, la inteligencia artificial terminará por obtener consciencia de sí misma, y posiblemente ese día sea el fin de la humanidad. O no. En todo caso, sí que es evidente que empieza a gobernar en múltiples sectores empresariales, pero también en universidades, centros de investigación, laboratorios de experimentación, organismos más o menos públicos, y en todos aquellos lugares donde parece que puede aportar valor. Obviamente, la inteligencia artificial no viene sola. Específicamente, viene acompañada de varias innovaciones disruptivas en los últimos veinticinco años, entre ellas:

- Digitalización
- Automatización
- Mecanización
- Servitización

Los avances del poder fáctico de MAGMA (Microsoft, Apple, Google, Meta y Amazon), casi siempre por separado, hacen suponer una carrera sobre la supremacía de la inteligencia artificial. Sin olvidar China, que hoy parece ser la que está sentada encima de la cúspide.

Además, muy probablemente más del 40 % de los trabajos actuales y de la fuerza laboral desaparecerán de la intervención humana allá por 2030 y serán sustituidos por sistemas robóticos o máquinas. Por un puro sentido común, la inteligencia artificial debería ser la encargada de gestionar todos los nuevos roles en esas organizaciones intensivas en mano de obra. Me refiero a todos aquellos trabajos que, por pura lógica, podría hacer una máquina por la mitad (o incluso menos) de coste efectivo.

Algunos organismos supranacionales están intentando legislar sobre la ética robótica de la inteligencia artificial, los algoritmos y los avances en sistemas inteligentes.

No se sabe si será en 2049, 2050 o más tarde aún, pero habría que poner una fecha. Para ese año nos quedan prácticamente veinticinco. ¿Cuánto puede evolucionar la robótica y la inteligencia artificial y cuánto el humano? Según Elon Musk, el humano irá ganando la *batalla* del conocimiento, pues quiere implantar en 2023 sus sistemas neuronales en humanos, para crear una especie de *superhombre*.

Lo que parece que va en la línea de la lógica es la necesidad de investigadores, científicos y corporaciones para seguir avanzando en las tecnologías expansivas que podrían empoderar al ser humano los próximos años. O no.

Plataformas de inteligencia artificial avanzada

Microsoft

Esta multinacional utiliza la herramienta Azure AI para sus nuevos productos y servicios. Microsoft Azure Inteligencia Artificial es un marco sólido para desarrollar soluciones IA en IA conversacional, *machine learning, data science,* robótica, IoT...

Sus servicios van en la línea de:

- Aprendizaje de máquina responsable: comprender, proteger y controlar la solución de aprendizaje automático es fundamental para crear confianza en tu solución de IA.
- *Project Paid IA:* IA para videojuegos. Los agentes de aprendizaje de refuerzo pueden mejorar la experiencia del juego al crear personajes que actúan de manera integrada y responden en forma natural al jugador.
- Lobe simplifica el entrenamiento de los modelos de IA. Desde los apicultores hasta los cartógrafos oceánicos, cualquier persona puede usar la IA con Lobe, una aplicación sencilla para crear modelos de aprendizaje automático rápidos.
- Sistemas autónomos para el control industrial. Entrena controladores inteligentes con soluciones autónomas que puedan detectar los entornos cambiantes y adaptarse a estos.

La plataforma de IA de Microsoft incluye servicios de IA preentrenados como Cognitive Services y Bot Framework, además de herramientas de aprendizaje profundo como Azure Machine Learning, Visual Studio Code Tools for AI y Cognitive Toolkit. Además permite que cualquier desarrollador escriba en cualquier lenguaje e infunda inteligencia artificial en sus aplicaciones.

Google

Google, el rey de la inteligencia artificial durante más de 25 años, parece haber sido destronado de su reinado por el descubrimiento de ChatGPT. Pero lejos de tirar la toalla y conscientes de que se juegan demasiado en este área, han lanzado una nueva herramienta de inteligencia artificial con nombre de pirata: Sparrow.

Sparrow es un sistema similar a ChatGPT que puede contestar cualquier pregunta como si fuese realizada por una persona en un chat de mensajería instantánea, lo cual podría encerrar ciertos peligros de identificación o incluso de usurpación de personalidad. Realmente no deja de ser la utilización de un bot para chats por lo que la escena internacional y los expertos en inteligencia artificial esperamos algo de mayor valor que un bot más inteligente. Esto parecería la antesala de una lucha por el trono de la inteligencia artificial entre OpenAI y Google donde no se sabe todavía quien puede ser el ganador.

Apple

Apple ubicará en España su mayor centro de inteligencia artificial de Europa, en junio de 2022 se anunció oficialmente. Además, ha sido elegida para testear el Reglamento de Inteligencia Artificial, que la Comisión Europea presentó ante el Europarlamento en 2021. Esta legislación europea es la primera del mundo en regular este novedoso sector cibernético. La iniciativa entrará en vigor en enero de 2024, convirtiendo a España en el primer país que ponga en marcha la llamada ley IA de la UE. Parece que se dan todas las condiciones para que España ocupe un puesto protagonista en el desarrollo de esta tecnología de última generación (fuente: redseguridad.com).

La nueva herramienta de Apple se llama IA GAUDI. Puede generar escenas interiores en 3D y es la base para una nueva generación de IA generativa. Se trata de una arquitectura neuronal para la generación de escenas 3D inmersivas . El sistema de IA puede crear escenas en 3D basadas en indicaciones de texto. Estamos ante un modelo de IA que genera escenas 3D desde cualquier ángulo.

El modelo de inteligencia artificial de Apple utiliza un decodificador de pose de cámara que le permite predecir las posibles posiciones de cámara de una escena. Luego, el decodificador permite que el modelo prediga el lienzo 3D desde prácticamente cualquier ángulo.

Meta

Meta ha presentado una nueva inteligencia artificial, conocida como Cicero, que es capaz de jugar a un popular juego *online* en el que se debe debatir para llegar a acuerdos diplomáticos. Esta nueva AI ha conseguido superar a los jugadores de Diplomacy, un popular juego *online* basado en un juego de mesa con mucha historia. El objetivo de la inteligencia artificial creada por la compañía de Mark Zuckerberg es emular el desempeño humano en la toma de decisiones; Diplomacy es el lugar perfecto para ponerla a prueba. No es la primera vez que una IA se pone a competir en juegos contra seres humanos.

En el caso de Cicero, la inteligencia artificial de Meta, se ha logrado que sea capaz de estudiar si sus oponentes cumplirán los acuerdos diplomáticos pactados o si, por el contrario, los terminarán rompiendo. Todo partiendo de la base del juego: la negociación conversacional. Sobre esto Cicero tiene la capacidad de negociar planes tácticos, tranquilizar a un aliado, discutir la dinámica estratégica más amplia del juego o incluso participar en una charla informal sobre casi cualquier cosa que un jugador humano podría discutir.

Para Meta, el objetivo de esta inteligencia artificial negociadora tiene un claro enfoque para su futuro metaverso, para crear experiencias más inmersivas, sociales y para conectarse con los que nos rodean de una forma más natural. De hecho, hacer abierto el código de Cicero tiene el objetivo de que terceros se basen en su tecnología de inteligencia artificial para hacer un uso responsable de la misma tanto dentro como fuera de su ecosistema (fuente: hipertextual.com).

Amazon

Amazon apuesta por la IA sin necesidad de conocer *machine learning*. Los servicios de IA de AWS previamente entrenados proporcionan inteligencia lista para usar en las aplicaciones y flujos de trabajo de las organizaciones. Los servicios de IA pretenden integrarse con facilidad con sus aplicaciones para ocuparse de casos de uso comunes, como por ejemplo:

- Crear recomendaciones personalizadas
- Modernizar el centro de atención al cliente
- Mejorar la seguridad
- Aumentar la implicación del cliente

Los campos de actuación de su IA son muy variados.

Visión artificial:

- Amazon Rekognition para catalogar activos, automatizar flujos de trabajo y extraer significado a partir del contenido multimedia y las aplicaciones.
- Amazon Lookout for Vision para detección de defectos y automatización de la inspección, identificando los componentes del producto que faltan, los daños en vehículos y estructuras, o las irregularidades para realizar un control de calidad exhaustivo y fiable.

- AWS Panorama, para mejorar las operaciones mediante monitorización automatizada que encuentre o prevea cuellos de botella, y evaluar la calidad y seguridad en la fabricación.

Análisis y extracción de datos automatizados:

- Amazon Textract para extraer información valiosa a gran velocidad a partir de millones de documentos.
- Amazon Comprehend para maximizar el valor del texto sin estructurar con procesamiento del lenguaje natural.
- Amazon 2AI para agregar personas al proceso de revisión, para garantizar la precisión y la conformidad de la información confidencial.

IA del lenguaje:

- Amazon Lex para crear *chatbots* y agentes virtuales que crean canales de conversación automatizados para mejorar la atención al cliente.
- Amazon Transcribe para automatizar el reconocimiento de voz, mejorar las aplicaciones y los flujos de trabajo con el reconocimiento automático de voz.
- Amazon Polly para dar voz a las aplicaciones, convertir texto en voz real y mejorar la experiencia del usuario y su accesibilidad.

IA industrial:

- Amazon Lookout for Equipment para detectar condiciones de máquinas anormales, detectar automáticamente condiciones anómalas de comportamiento de máquinas mediante el análisis de sensores.

- Amazon Monitron para el mantenimiento predictivo integral mediante sensores, puertas de enlace, servicios de detección de anomalías y aplicaciones para usuario final.

Mejorar la experiencia cliente:

- Amazon Kendra para encontrar fácilmente información de forma precisa en sitios web mediante lenguaje natural.
- Amazon Personalize para personalizar las experiencias en línea mediante *machine learning.*
- Amazon Translate para interactuar con el público en todos los idiomas.

Inteligencia sintética: el espacio será su tumba

Inteligencia sintética (IS) es un término alterno de inteligencia artificial que enfatiza que la inteligencia de las máquinas no tiene que ser una imitación o de cualquier manera artificial. De hecho, podría ser una forma de inteligencia auténtica. John Haugeland, científico e investigador, propuso una cierta similitud o analogía con diamantes sintéticos y diamantes de imitación: solo el diamante sintético es un diamante de verdad. Por tanto, sintético se refiere a lo que es producido por síntesis, por lo que ha podido ser combinando partes para formar un todo, una versión hecha por el hombre que ha surgido de forma natural. Tal como se define, la inteligencia sintética sería hecha por el hombre, pero no una simulación.

La inteligencia sintética está ciertamente relacionada con la robótica, pero desde el punto de vista de cuerpo animado que es controlado por un cerebro electrónico dotado de una inteligencia artificial. Parece por tanto poco probable avanzar si la IA, en vez de tener en su constitución un modelo del mundo programado, no lo adquiere a través de su propia experiencia perceptiva, teniendo en cuenta que prácticamente dispondría de todos los sentidos que tiene un ser humano: vista, oído, habla, olfato y gusto (este último quizá tendrá que ser mejorado con el tiempo), y en general, sistemas sensoriales similares a los nuestros. El investigador Sergio Moriello expresa así lo que eso significaría: "Habría que proporcionarle un cuerpo que le permitiese experimentar el entorno de manera directa y desarrollar complejas estructuras cognitivas que sean el resultado de su interacción física y social". En consecuencia, y siguiendo su argumento, lo más lógico y probable es que esas máquinas en algún momento emprendan su propia evolución artificial, que sería mucho más rápida que la biológica. No estaría de más "ir pensando ya en los mecanismos adecuados para evitar que escapen completamente del control humano".

Es muy posible que las próximas naves tripuladas que viajan a la Luna o a otros planetas lleven un androide o robot sintético, que no solo pueda servir como computadora de a bordo, sino también para misiones donde sea necesario exponerse a situaciones de peligro para los humanos que viajan con él (o ella). Hoy, la tecnología está lejos de emular la máquina más perfecta creada, nuestro cerebro, con más de 85 000 millones de unidades de información. Pero la singularidad está cerca, quizá para 2045-2050, donde la IA se haya igualado en capacidades al ser humano y pueda tomar sus propias decisiones, y por tanto ser independientes de órdenes humanas. Pero esta inteligencia sintética se acerca mucho más a la creatividad que a una inteligencia artificial plana; es decir, si la IA no debe ser una imitación de la inteligencia humana, ha de ser lo más creativa posible, por lo que se podría medir por la capacidad de reacción a la hora de enfrentarse a situaciones novedosas no programadas y resolverlas, o al menos, intentarlo.

La habitación china

La habitación china es un experimento de tipo mental propuesto en su origen por John Searle en su libro *Mentes, cerebros y programas,* publicado en Behavioral and Brain Sciences en 1980. En él, el principio básico es la refutación de la validez del test de Turing y de la creencia de que el pensamiento es simplemente computación o computacional. Este escritor se enfrenta a la analogía entre mente y sistema computacional cuando se trata de abordar uno de los pilares de debate de la inteligencia artificial: la conciencia. La mente implica no solo la manipulación de símbolos (gramática, representaciones, sintaxis), sino que además posee una capacidad semántica para darse cuenta, o estar consciente, de los significados de esos símbolos.

Pero ¿en qué consiste este experimento?

Vamos a tomar como hipótesis que han transcurrido un número de años (x) y que el ser humano ha construido una máquina aparentemente capaz de entender el idioma chino, la cual recibe ciertos datos de entrada que le da un hablante natural de ese idioma. Estas entradas serían los signos que se le introducen a la computadora y esta más tarde proporciona una respuesta en su salida. A continuación, vamos a suponer, a su vez, que esta computadora fácilmente superaría la prueba de Turing, ya que convence al hablante del idioma chino de que sí entiende completamente el idioma, y por ello el chino dirá que la computadora entiende su idioma. Seguidamente, Searle nos pide que supongamos que él está dentro de ese computador completamente aislado del exterior, salvo por algún tipo de dispositivo (una ranura para hojas de papel, por ejemplo) por el que pueden entrar y salir textos escritos en chino. Hacemos una nueva suposición de que fuera de la sala o computador está el mismo chino que creyó que la computadora entendía su idioma y que dentro de esta sala está Searle, que no sabe ni una sola palabra en ese idioma, pero está equipado con una serie de manuales y diccionarios que le indican las reglas que relacionan los caracteres chinos (algo parecido a "si entran tal y tal caracteres, escribe tal y tal otros").

Recreación de la habitación china

De este modo Searle, que manipularía esos textos, es capaz de responder a cualquier texto en chino que se le introduzca, ya que tiene el manual con las reglas del idioma, y así hacer creer a un observador externo que él sí entiende chino, aunque nunca haya hablado o leído ese idioma.

A partir de esta situación, se plantean las siguientes preguntas:

- ¿Cómo puede Searle responder si no entiende el idioma chino?
- ¿Acaso los manuales saben chino?
- ¿Se puede considerar todo el sistema de la sala (diccionarios, Searle y sus respuestas) como un sistema que entiende chino?

De acuerdo con los creadores del experimento, los defensores de la inteligencia artificial y que afirman que algunos programas de ordenador adecuados pueden comprender el lenguaje natural o poseer otras propiedades de la mente humana, no simplemente simularlas, deben admitir que, o bien la sala comprende el idioma chino, o bien el pasar el test de Turing no es prueba suficiente de inteligencia. Para los creadores del experimento ninguno de los componentes del experimento comprende el chino y, por tanto, aunque el conjunto de componentes supere el test, esta prueba no confirma que en realidad la persona entienda chino, ya que como sabemos Searle no conoce ese idioma.

En fin, es un galimatías no fácil de entender.

Otro concepto muy interesante al hilo de esta inteligencia sintética es el de *datos sintéticos*. Entre varias de las definiciones sobre qué son, es referirlos a información generada artificialmente que puede utilizarse en lugar de datos históricos reales para entrenar modelos de IA cuando los conjuntos de datos reales carecen de calidad, volumen o variedad. En ocasiones se suele recurrir a ellos cuando los datos reales son insuficientes (o de mala calidad) e imposibilitan por tanto su uso para la consecución de ciertos objetivos.

Por otro lado, los datos sintéticos generados a partir de simulaciones por ordenador o algoritmos de *machine learning* permiten proporcionar una alternativa económica a los datos del mundo real, que se utilizan cada vez más para crear modelos precisos de IA.

Según Nvidia, los datos sintéticos se suelen crear en mundos digitales en lugar de recopilarse o medirse en el mundo real. Un mundo donde se espera que se creen terabytes potenciales de datos sintéticos por segundo sería el metaverso. No obstante, los datos sintéticos reflejan datos del mundo real, matemática o estadísticamente. La investigación demuestra que puede ser tan bueno o incluso mejor para entrenar un modelo de IA que los datos basados en objetos, eventos o personas reales, aunque posiblemente en un modelo más avanzado de IA, se entrelacen datos sintéticos con datos reales.

Gartner realizó un informe de junio de 2021 sobre datos sintéticos en el que predice que para 2030 la mayoría de los datos utilizados en IA se generarán artificialmente mediante reglas, modelos estadísticos, simulaciones u otras técnicas. Dice el citado informe: "El hecho es que no se podrán construir modelos de inteligencia artificial de alta calidad y alto valor sin datos sintéticos".

Importancia de los datos sintéticos

Los desarrolladores y programadores necesitarán, y cada vez más, conjuntos de datos grandes y cuidadosamente etiquetados para entrenar redes neuronales. Los datos de entrenamiento más diversos generalmente hacen que los modelos de IA sean más precisos y efectivos. El problema principal radica en que la recopilación y el etiquetado de conjuntos de datos que pueden contener entre unos pocos miles y decenas de millones de elementos consume mucho tiempo y, a menudo, es caro. Por ejemplo, una sola imagen que podría costar 10 dólares de un servicio de etiquetado se puede generar artificialmente por la décima parte, según Paul Walborsky, el investigador y cofundador de uno de los primeros servicios de datos sintéticos dedicados, la AI.Reverie. Por este motivo principal, posiblemente el ahorro de costes sea solo el comienzo: "Los datos sintéticos son clave para un futuro por los problemas de privacidad y reducir así los sesgos de los algoritmos, al garantizar que tenga la diversidad de datos para representar de forma lo más fidedigna posible, el mundo real". Como los conjuntos de datos sintéticos se etiquetan automáticamente, a veces es mejor que los del mundo real.

Los datos sintéticos apenas tienen treinta años de vida. La idea la descubrió Donald B. Rubin, profesor de Estadística de Harvard, que estaba ayudando al Gobierno de Estados Unidos a resolver ciertos problemas, como un recuento insuficiente e inadecuado de personas pobres (por debajo de un umbral de la pobreza) en un censo, cuando se le dio una idea. Lo describió en un artículo de 1993, a menudo citado como el nacimiento de datos sintéticos. Los datos sintéticos han existido desde hace décadas, pero realmente hasta ese año no se había tenido conciencia de su relevancia. Nos acompañan en juegos de ordenador como simuladores de vuelo y simulaciones científicas de cualquier índole, desde átomos hasta galaxias.

Syntho

Syntho es una organización de tecnología de datos, con una gran experiencia en datos sintéticos generados por IA, con sede en Ámsterdam, Países Bajos. Fue fundada en 2020 con el objetivo de resolver el dilema de privacidad global y habilitar la economía de datos abiertos, en la cual los datos se pueden usar y compartir libremente y la privacidad se garantiza. Ofrece datos sintéticos que preservan la privacidad para desbloquear sus datos y eliminar preocupaciones legítimas de privacidad. Esta *startup* permite trabajar con datos sintéticos y generar múltiples posibilidades a precios mucho más razonables.

GPT-2

GPT-2 (Generative Pre-trained Transformer 2) es un sistema que hace uso de la inteligencia artificial para generar textos creada en febrero del 2019 por OpenAI, un laboratorio de investigación impulsado por Elon Musk. Se trata de un sistema formado por aproximadamente 1,5 billones de parámetros, que generan texto prediciendo palabra a palabra. De esta forma es posible traducir textos automáticamente, responder preguntas, resumir fragmentos de texto y otra serie de habilidades. Este texto generado es en realidad extraído de unas ocho millones de páginas de Internet, por lo que cuenta con un conjunto de datos de entre 40 y 50 GB de texto para utilizar.

GPT-2 estaba diseñado para generar texto natural, completamente coherente y casi indistinguible del realizado por los humanos. Como se trata de una herramienta que evoluciona, es lógico que se hayan detectado una serie de errores. ¿En qué consisten esos fallos? Si la extensión de un texto es corta, previsiblemente no se podrá encontrar ningún error, pero cuando esta pasa de una página, el sistema puede empezar a fallar y a mostrar más errores cuanto más largo sea el texto, por tanto, lo invalida como sistema, ya que puede empezar a presentar repeticiones excesivas del texto, cambios de tema antinaturales y errores no forzados (uno típico es describir un incendio dentro del mar).

GPT-3

Generative Pre-trained Transformer 3, conocida por sus siglas (GPT-3), es un modelo de lenguaje autorregresivo que emplea aprendizaje profundo para producir textos que simulan la redacción humana. Es la tercera generación de los modelos de predicción de lenguaje perteneciente a la serie GPT, creados por OpenAI (San Francisco, EE. UU.). La versión completa de GPT-3 tiene una capacidad de 175 000 millones de parámetros de aprendizaje automatizado, lo cual supera la magnitud de su predecesor, GPT-2. GPT-3 fue introducido en mayo de 2020 y hasta julio de 2020 se encontraba en fase beta. Es parte de una tendencia en sistemas de procesamiento de lenguaje natural (NLP) basados en representaciones de lenguaje preentrenadas.

Previo a la liberación de GPT-3, el modelo de lenguaje más grande era Turing NLG, desarrollado por Microsoft, presentado en febrero de 2020, con una capacidad diez veces menor que la de GPT-3.

GPT-3 fue presentado oficialmente el 28 de mayo de 2020, a través de la publicación de la investigación realizada en coautoría por 31 investigadores e ingenieros de OpenAI y de la Universidad John Hopkins.

La calidad de los textos generados por GPT-3 es tan alta que es difícil distinguirlos de aquellos escritos por humanos, lo cual ha generado la puntualización de los beneficios y riesgos que esto conlleva. En la publicación del 28 de mayo de 2020, los creadores advierten sobre peligros potenciales de GPT-3, al tiempo que solicitan ayuda para mitigarlos. David Chalmers, filósofo australiano, describió a GPT-3 como "uno de los más interesantes e importantes sistemas de inteligencia artificial nunca antes creados". Por otro lado, se ha señalado la carencia de coherencia en algunos textos, debido a que el procesamiento de palabras llevado a cabo por GPT-3 es meramente sintáctico, sin atender a la semántica del texto. Es de suponer que un futuro GPT-4 podría solventar esta circunstancia.

DALL-E

DALL-E (DALL·E estilizado) es un programa de inteligencia artificial generativa que crea imágenes a partir de descripciones textuales, reveladas por OpenAI el 5 de enero de 2021. Viene a utilizar una versión de 12 000 millones de parámetros del modelo GPT-3 Transformer para interpretar las entradas del lenguaje natural y generar las correspondientes imágenes. Puede crear imágenes de objetos realistas, así como objetos que no existen en la realidad. Su nombre es un acrónimo de WALL·E y Salvador Dalí.2.

Muchas redes neuronales artificiales desde la década de 2000 en adelante han podido generar imágenes realistas. DALL-E es capaz de generarlas a partir de indicaciones de lenguaje natural, que "comprende y rara vez falla de manera importante".

DALL-E fue desarrollado y anunciado al público en conjunto a CLIP (*contrastive language-image pre-training* o preentrenamiento de imagen-lenguaje contrastante), que es un modelo separado cuya función es "comprender y clasificar" su resultado.

Las imágenes que genera DALL-E están seleccionadas por CLIP, que presenta las de más alta calidad. OpenAI se ha negado a publicar el código fuente de cualquiera de los modelos, aunque existe una versión demo disponible en el sitio web de OpenAI en la que se puede ver la salida de una selección limitada de mensajes de muestra.

Las comunidades han publicado alternativas de código abierto, capacitadas en cantidades más pequeñas de datos, como DALL-E Mini.

Según la prestigiosa revista MIT *Technology Review,* uno de los objetivos de OpenAI sería "dar a los modelos de lenguaje una mejor comprensión de los conceptos cotidianos que los humanos usan para dar sentido a las cosas". Como podrás ahora entender mejor, hablamos, sí, de datos sintéticos y de inteligencia artificial sintética.

Stable Diffusion 2.0

Stable Diffusion es un modelo de aprendizaje automático desarrollado por Stability AI para generar imágenes digitales de alta calidad a partir de descripciones basadas en el lenguaje natural. El modelo se puede usar para múltiples tareas, como la generación de traducciones de imagen a imagen guiadas por mensajes de texto y la mejora de imágenes (renderizado). A diferencia de modelos de la competencia, como DALL-E, Stable Diffusion y su versión superior 2.0, es de código abierto y no limita artificialmente las imágenes que produce. Los críticos han expresado su preocupación por la ética de la IA, afirmando que el modelo se puede utilizar para crear *deepfakes.* Puede ejecutarse en el *hardware* del usuario equipado con una tarjeta gráfica (GPU), es completamente gratis y se puede acceder a él *online.* Desde su lanzamiento inicial, más de 400 000 personas han descargado el código.

Midjourney

Midjourney es un laboratorio de investigación independiente que produce un programa de inteligencia artificial patentado que crea imágenes a partir de descripciones textuales, similar a DALL-E de OpenAI y Stable Diffusion de código abierto. La herramienta se encuentra actualmente en versión beta abierta. El equipo de Midjourney está dirigido por David Holz, cofundador de Leap Motion. Midjourney utiliza un modelo comercial *freemium,* con un nivel gratuito limitado y niveles de pago, que ofrecen un acceso más rápido, mayor capacidad y funciones adicionales.

Holz dijo en *The Register* en agosto de 2022 que la empresa ya era rentable. Los usuarios crean obras de arte con Midjourney usando los comandos de *bot* de Discord.

ChatGPT

Nueva IA generativa de OpenAI. Cualquier persona que ingrese a chat.openai.com/ e inicie sesión con su cuenta de OpenAI puede probarlo de forma gratuita. El *chatbot* (robot conversacional) es capaz de responder a una amplia variedad de temas, recordar e incluso admitir errores. Pero no es oro todo lo que reluce; de hecho, no es en ningún caso perfecto. Como no puede buscar información en Internet, su conocimiento se limita a los datos con los que ha sido entrenado. Además, puede ser una fuente de *fake news* al proporcionar información falsa e incluso arrojar respuestas violentas o contenido inadecuado.

OpenAI sabe esto y admite que ha aplicado filtros para evitarlo. Los comentarios de los usuarios deberían ayudar a mejorar el funcionamiento y seguridad del modelo para así seguir entrenándolo.

Y el espacio será su tumba…

Es muy probable que la IA conquiste, conjuntamente con los seres humanos (si es que aguantamos tanto como civilización), el espacio exterior. Colonizar ese vasto espacio vacío lo tendremos que hacer necesariamente con robots, posiblemente sintéticos. Pero es también posible que la inteligencia artificial dé un paso hacia atrás, que comience a experimentar sensaciones y deseos humanos. Y ya sabemos cómo somos los seres humanos y de lo que somos capaces. La capacidad de autodestrucción podría ser una herencia envenenada de la humanidad a las máquinas inteligentes, que nos quieran imitar en su afán de ser mejores que nosotros, y por tanto, cometan los mismos errores. Si el ser humano a partir de 2050 tiene la necesidad de habitar fuera de la Tierra, es muy posible que necesite robots inteligentes que nos ayuden en esa colonización desconocida. Para ello no será necesario conquistar la Luna ni Marte. Podríamos vivir en hoteles, colmenas o urbes inteligentes suspendidas en el vacío en total ingravidez.

¿Y qué pasará con los humanos?

La línea temporal del ser humano y de la tecnología que ha permitido la inteligencia artificial ha ido paralela desde 1950 hasta hoy. Mientras la segunda se ha ido enriqueciendo y avanzando, fruto de las mejoras y los nuevos descubrimientos científicos, el primero, el ser humano, no ha mejorado en ningún sentido, al menos desde el punto de vista evolutivo. La necesidad de readaptarse a las nuevas eras de la humanidad, en las que el cambio climático posiblemente juegue un papel preponderante, va en la línea de una evolución natural del ser humano con implantes que le permitan *competir* con las máquinas, en el amanecer de una nueva historia para ambos. Nuestra evolución biológica irá de la mano de la incorporación en nuestro propio cuerpo de sensores y chips, que nos den información, nos avisen de un mal funcionamiento de algún órgano o músculo, e incluso que permitan una autogestión de las funciones vitales. Pero la incertidumbre sobre el futuro está en si ambas líneas de tiempo, la de la inteligencia artificial y la del ser humano, confluirán en algún momento y hacia dónde irá cada una de ellas. Si la inteligencia artificial *reencarnada* en sistemas biónicos, androides o robots inteligentes sigue mejorando sus aptitudes y actitudes, es muy posible que el ser humano pase a estar en segundo lugar en la escala evolutiva.

El mundo se hacía eco durante 2021 de la idea de Elon Musk de insertar el primer chip neuronal en humanos, aunque su deseo ya era manifiesto desde 2019. Los experimentos han continuado durante 2022. Elon Musk espera que el chip cerebral de Neuralink comience pruebas en humanos durante el primer trimestre de 2023. Pretende que las personas con movilidad reducida puedan realizar acciones con su mente. Neuralink había sido anteriormente cuestionado por la muerte de monos en experimentos. Como ya sabemos, la evolución exige sacrificios… Parece evidente que en algún momento se cruzarán ambas líneas temporales:

- El ser humano mejorará en todos los aspectos de su rendimiento, sobre todo cerebral, cuando sea realidad la implantación de un chip de inteligencia artificial que permita autogestionar sus capacidades intelectuales, motoras y cognitivas.
- Los robots, androides o sintéticos mejorarán sus habilidades con la introducción de nuevas rutinas de inteligencia emocional humana en sus sistemas precognitivos.

Por resumirlo: el ser humano será más artificial y los robots serán más humanos. Parece una contradicción, pero podría ser una realidad en unos diez o quince años.

No obstante, no parece nada halagüeña la evolución humana en los próximos mil años, a juzgar por las imágenes que comenzaron a circular a finales de 2022 sobre su apariencia física. Un grupo de investigadores de Nueva York recrearon la forma de ese *humano* al que cariñosamente llamaron Mindy. De esta forma, el humano de esos tiempos incorporaría lo que no parecen ciertamente mejoras, sino todo lo contrario, fruto al parecer de una inadecuada evolución proporcionada por la tecnología (*smartphones,* ordenadores). Nos afectaría al ser más encorvados, pasar a disponer de garras en vez de manos, con codos de 90 grados, con un cráneo algo mayor (pero menos cerebro en su interior), un cuello más grueso y, para finalizar, nuevos párpados adaptables a la luz. Sin duda es un negro panorama…

La inteligencia artificial de Midjourney descrita en un capítulo anterior habla de una evolución del ser humano hacia un aspecto más robótico. Si ya podemos utilizar implantes para casi cualquier parte de nuestro cuerpo, gracias a la impresión 3D de órganos, es muy posible que nuestro exoesqueleto también deba *migrar* hacia texturas más adecuadas en función de aspectos como la gravedad, la contaminación o incluso próximas pandemias de la humanidad.

Un análisis de McKinsey calcula que alrededor del 70 % de las empresas de todo el planeta adoptarán una forma de tecnología dotada de inteligencia artificial en la próxima década. Si eso es cierto, se espera que sea la inteligencia artificial la que comience, a gran escala, a *eliminar* de su ecuación tanto aquellos perfiles laborales o trabajos que pueda hacer una máquina como incluso a grupos de personas que por su escaso rendimiento cerebral no puedan incorporarse a tareas o actividades en los próximos años.

Hablamos pues de selección natural realizada por una máquina con inteligencia artificial. De ahí la importancia de que la inteligencia artificial avance bajo unos parámetros de transparencia, honestidad y ética. Ahora bien, ¿cómo pedir ética a una máquina?

"Existen organismos que se reproducen y la progenie hereda características de sus progenitores; existen variaciones de características si el medio ambiente no admite a todos los miembros de una población en crecimiento. Entonces, aquellos miembros de la población con características menos adaptadas (según lo determine su medio ambiente) morirán con mayor probabilidad. Entonces aquellos miembros con características mejor adaptadas sobrevivirán más probablemente". Esta es una cita literal del antropólogo y científico Charles Darwin, en su aclamada obra *El origen de las especies.*

La teoría de la evolución por selección natural es la gran contribución de Charles Darwin (con aportaciones del también investigador Alfred Russel Wallace), como un pilar fundamental del darwinismo, que posteriormente se reformuló en la actual teoría de la evolución, conocida como neodarwinismo o síntesis evolutiva moderna. En biología evolutiva, el proceso de selección natural se considera la principal causa del origen de las especies y de su adaptación al medio. Si Charles Darwin viviera, podría incluir aquí al ser robótico o inteligencia artificial en su ecuación de la evolución.

Existe una teoría que apoya estos principios y que, por otro lado, daría carta de naturaleza a la existencia de máquinas inteligentes, ya sean robots, androides, sintéticos… Hay que tener muy en cuenta que las máquinas no estarían programadas para los ciclos humanos (sueño, descanso, ocio, sed, hambre…), es decir, necesidades básicas de las que una máquina no tendría por qué disponer en su sistema de programación. Estos principios se basan en la *teoría sintética,* que dice que la selección natural no es la única causa de evolución, aunque sí la que tiene un papel más destacado. El concepto de *selección natural* se define ahora de un modo más preciso como "la reproducción diferencial de los fenotipos en una población". El *fenotipo* es el rasgo que podemos observar, bien como una característica física o como un comportamiento. Por el contrario, un *genotipo* es el código genético de las células de un organismo, lo que determina las características de un individuo.

Desde el momento en que existen diferencias en éxito reproductivo de las distintas variantes (con o sin una base genética), existe la selección natural. Por ejemplo, si los individuos más verdosos en una población de insectos-hoja aportan unos tres descendientes a la siguiente generación y los individuos marrones aportan como media 1,5, está habiendo selección a favor de los verdes. Las diferencias en éxito reproductivo pueden ocurrir por diversas causas: diferente fertilidad, riesgo de muerte por depredadores, atractivo sexual, capacidad para explotar los recursos alimenticios, etc. Habitualmente existe una correlación entre la eficacia reproductiva de los portadores de un genotipo y la adaptación al medio que este les otorga. Por tanto, los rasgos que confieren ventajas adaptativas comúnmente son seleccionados a favor y propagados en las poblaciones (en algunos casos, un genotipo podría otorgar éxito reproductivo sin aportar mayor adaptación al medio, y sería seleccionado igualmente).

La teoría de la selección natural de Darwin aportó por primera vez una explicación científica satisfactoria para múltiples enigmas científicos del mundo biológico, especialmente el de la *apariencia de diseño* que existe en los seres vivos, y que podría perfectamente adaptarse a las máquinas, porque estas también evolucionan y podrían estar sujetas a las mismas leyes. Pero ¿podríamos aplicar estas teorías de la evolución a las máquinas inteligentes?

En 2020 surgió el programa TRUST-AI, con la financiación de la Comisión Europea, para simplificar los sistemas de aprendizaje automáticos y hacerlos más transparentes. Se trata de un proyecto que utiliza la teoría de la evolución de Darwin para explicar la inteligencia artificial.

Proyecto TRUST-AI

El proyecto TRUST-AI tiene como objetivo cerrar la brecha entre las expresiones analíticas derivadas de la teoría y los modelos numéricos obtenidos con *machine learning*. Se desarrollará un nuevo paradigma en el que los humanos y las máquinas puedan colaborar y descubrir nuevas soluciones. TRUST-AI se considera la próxima generación de IA, una herramienta inteligente, transparente, confiable e imparcial. Pues por aquí, a través de este tipo de iniciativas, es por donde parece que las investigaciones y estudios sobre la evolución de la IA y los seres humanos podría tomar caminos convergentes, o todo lo contrario, divergentes.

IA Explicable (xai)

Uno de los objetivos de este proyecto es hacer que la tecnología de IA sea más confiable y transparente. Eso depende de nuestra capacidad para explicar por qué un sistema de IA tomó una determinada decisión. El reto de XAI es permitir que los humanos pidan y reciban explicaciones de los sistemas de IA que sean comprensibles para ellos. Para alcanzar este objetivo, TrustAI se centra en dos conceptos básicos: *programas genéticos y explicaciones causales humanas.* Los programas genéticos son algoritmos de IA que aprenden de los datos pero generan expresiones simbólicas que pueden ser inspeccionadas por humanos. Se ha informado que las explicaciones humanas resaltan relaciones causa-efecto específicas y tienen en cuenta el conocimiento de la persona que recibe la explicación. TrustAI está combinando estos dos campos, junto con la retroalimentación de evaluadores humanos, para producir explicaciones interpretables por humanos de los sistemas de decisión automatizados. En particular, la tecnología TrustAI se aplicará para brindar explicaciones sobre las soluciones de IA en los campos de la oncología médica, el pronóstico de energía y la logística minorista, entre otras áreas y ecosistemas.

Algoritmos evolutivos

TRUST-AI también tiene en cuenta los algoritmos, sobre todo aquellos que evolucionan, y por tanto en algún momento pudieran pasarse al lado oscuro. Los *métodos de aprendizaje automático* (ML) comúnmente difieren en la forma en que aprenden de su entorno.

La *computación evolutiva* (EC), por ejemplo, modela el mundo como un sistema biológico mediante el cual la variación genética y la reproducción sexual conducen al aprendizaje a largo plazo. En otras palabras, en la computación evolutiva el aprendizaje es un subproducto de un largo proceso de selección natural, como lo establece la teoría de la evolución darwiniana. Significa que en la computación evolutiva las soluciones no se construyen a partir de los primeros principios, sino que evolucionan en función de una medida de calidad, también conocida como aptitud, que indica cómo de bien se desempeña cada solución candidata de acuerdo con el objetivo elegido. Precisamente, los algoritmos evolutivos funcionan eligiendo un espacio de búsqueda donde buscar soluciones y configurando su objetivo mediante el diseño de una función de *fitness ad hoc*. De este modo, después de elegir aleatoriamente soluciones candidatas iniciales (también conocidas como población de individuos), el algoritmo (ver imagen) actualiza la población en iteraciones sucesivas (también conocidas como generaciones). Una generación primero selecciona a los individuos más prometedores (también conocidos como padres) en la población actual de acuerdo con sus aptitudes, aplica operadores de variación estocástica (combinando diferentes individuos a través de operadores de cruce y modificando aleatoriamente a los individuos con operadores de mutación). Luego, el algoritmo evalúa a los nuevos individuos resultantes antes de incorporarlos a la población, aplicando otro paso de selección entre los recién nacidos y los padres. El algoritmo se detiene cuando obtiene soluciones con un rendimiento suficiente o cuando se agota el presupuesto informático. Existen muchas variantes del algoritmo evolutivo, caracterizadas por el espacio de búsqueda que exploran y los correspondientes operadores de variación. Entre los más populares están el algoritmo genético (cadenas de bits) y las estrategias de evolución (parámetros continuos), y la programación genética (GP), que explora espacios funcionales.

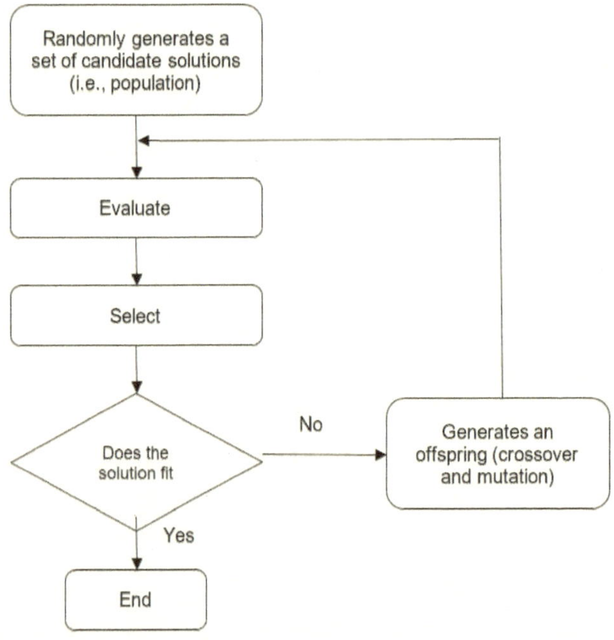

Programación genética (GP)

El GP histórico y los trabajos de GP más actuales manejan funciones o programas usando árboles de análisis para representarlos. Los árboles se construyen a partir de operadores (nodos de árboles) y operandos (terminales u hojas de árboles) elegidos de acuerdo con un problema de dominio. Para los problemas de clasificación, el objetivo es encontrar una función que genere las etiquetas correctas de los datos disponibles. Para los problemas de regresión (sistema estadístico), el objetivo es descubrir una expresión matemática que minimice una métrica de error, un problema conocido como *regresión simbólica.* En tal contexto, los nodos son operaciones aritméticas estándar y funciones matemáticas (por ejemplo, seno, coseno), y los terminales son las variables del problema y algunas constantes efímeras.

La siguiente figura ilustra una representación en árbol del programa cos(2x)+4x. En GP, la medida de aptitud general verifica como de bien funciona cada programa en un dominio particular.

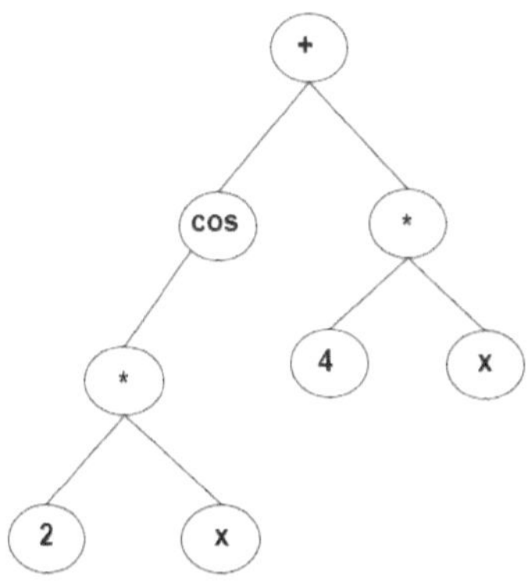

El *error cuadrático medio* (MSE) entre la salida del árbol y el valor deseado para todos los ejemplos en el conjunto de entrenamiento (también conocido como *casos de aptitud*) es la función de aptitud básica para la regresión simbólica. En estadística, el error cuadrático medio de un estimador mide el promedio de los errores al cuadrado, es decir, la diferencia entre el estimador y lo que se estima. El ECM es una función de riesgo, correspondiente al valor esperado de la pérdida del error al cuadrado o pérdida cuadrática.

Para evitar el crecimiento descontrolado del tamaño del árbol a lo largo de la evolución (también conocido como hinchazón), la función de aptitud puede combinar MSE con parsimonia como el tamaño del árbol o la eficiencia (p. ej., presupuesto de cálculo). Desde el punto de vista de *machine learning,* GP no requiere ingeniería de funciones. Asimismo, utiliza programas como representaciones para no requerir ningún conocimiento previo, y llega a una solución mediante la evolución de candidatos en el espacio de búsqueda elegido.

IA guiada por humanos

Por último, el proyecto TRUST-AI nos habla de otro tipo de inteligencia artificial. Aunque las tecnologías de inteligencia artificial tienen una capacidad computacional muy superior a la humana, a veces puede ser necesaria la intervención. Sin un humano para guiar la inteligencia de la máquina, las decisiones que tomará esta no pueden ser completamente de fiar.

El primer paso para guiar a la IA es entrenarla con datos bien preparados. Un conjunto ideal de datos debe ser compatible con el problema que se está resolviendo, los objetivos particulares de la persona de negocios y las regulaciones. La decisión sobre si los datos son adecuados la toman los humanos. Después de usar esos datos para el entrenamiento, el proceso de validación muestra cómo de acertadas pueden ser las decisiones.

El concepto de IA guiada por humanos incluye humanos en el proceso y esto ayuda a que las máquinas se entrenen más de acuerdo con las expectativas de los expertos humanos en términos de factores como la ética, el sesgo o la estabilidad de los modelos, evitando de esta manera los sesgos o patrones oscuros. Esta colaboración es uno de los elementos clave para generar confianza entre humanos y máquinas.

Bajo escenarios cambiantes de la vida real, los datos siguen cambiando y también lo hacen los modelos. Para esos casos, la velocidad y la eficiencia de los datos y la validación del modelo se convierten en factores clave que determinan si el modelo de aprendizaje es automático. TrustAI lleva a cabo esta misión de confianza mientras crea un conjunto de soluciones sobre el pronóstico y la predicción de, por ejemplo, el tratamiento para un cáncer.

Sistema de trabajo de TRUST-AI

TRUST está compuesto por nueve paquetes de trabajo (WP), que se desarrollarán en un plan de trabajo de cuarenta y ocho meses.

Los paquetes de trabajo se estructuran en torno a los siguientes objetivos estratégicos:

1. Desarrollo de bloques de construcción: desarrollo las áreas de I + D y establecer las bases del paradigma del aprendizaje simbólico guiado por humanos, así como el diseño general de este paradigma, y la consolidación y el flujo de trabajo de los componentes básicos.
2. Adecuación a aplicaciones reales: están dedicados a las aplicaciones de casos de uso. Definen los requisitos y aseguran que el factor de confianza se aplique a varios problemas e industrias.
3. Comunicación y difusión: amplía el impacto del proyecto mediante la promoción de los resultados a la comunidad científica y la industria. También se refiere al debate sobre cuestiones sociales y éticas.
4. Gestión de proyectos: se refiere a la gestión y coordinación de proyectos de los socios.

El genoma de la inteligencia artificial

Hasta el momento, la IA nos ha ayudado a descifrar nuestro genoma humano. Un equipo de investigadores de organismos académicos de España y Estonia realizaron en 2019 un análisis computacional del genoma humano actual recurriendo a la combinación de algoritmos de *deep learning* y métodos estadísticos, que los han llevado a localizar el rastro de una especie humana aún desconocida. Según sus investigaciones, el algoritmo usado "intenta imitar la manera en que funciona el sistema nervioso de los mamíferos, con diferentes neuronas artificiales que se especializan y aprenden a detectar en los datos aquellos patrones que son importantes para llevar a cabo una tarea determinada". La búsqueda de este rastro, de momento, no ha dado sus frutos.

Y ya que estamos con la manipulación genética, le hablaré brevemente sobre la *genetic machine editor* (máquina editora de genes). Su nombre es CRISPR-Cas9 y permite una técnica para alterar la secuencia genética de un ADN, lo que abre un mundo de posibilidades, y más si pudiese ser una inteligencia artificial la encargada de esa tareas. Puedes saber más en https://www.infofueguina.com/curiosas/2016/7/3/mquina-editora-genes-16213.html

En 2020, la compañía de inteligencia artificial DeepMind logró resolver uno de los grandes enigmas de la biología: desentrañar cómo las proteínas adquieren esa estructura tridimensional, esas formas únicas que les permiten encajar entre sí y que determinan su diseño, función y hasta su comportamiento. Ahora, tras haber creado la mayor base de datos disponible, con más de 360 000 de estos bloques básicos para la vida, los responsables del proyecto han decidido ponerlos a disposición de los investigadores. Este anuncio fue realizado a través de la revista *Nature*.

A diferencia del genoma (la secuencia de genes que codifica la vida celular), el proteoma cambia constantemente, en respuesta tanto a instrucciones genéticas como a estímulos externos. Pues bien, ¿qué pasaría si se pudiese crear o reproducir en un laboratorio la secuencia vital o genoma de una máquina? Teniendo en cuenta que es manipulable y ya se conoce el mapa genómico, ¿qué pruebas no podría realizar un sistema inteligente? Si en un chip se pudiese sintetizar, además de los genes, las emociones, las sensaciones o los deseos, estaríamos abriendo una puerta a la experimentación por parte de las máquinas inteligentes a un nuevo peldaño evolutivo; pero de su evolución, no de la nuestra.

Quiero terminar este capítulo (espero que haya sido interesante) con una referencia cinematográfica: *Asesinos cibernéticos (Screamers)*, de 1995, de Christian Duguay, y su secuela *Screamers: the hunting*. *Screamers* se establece en el año 2078 en el planeta Sirius 6B, un centro industrial minero que una vez fue un floreciente planeta y centro económico minero, pero ahora está reducido a un desierto a causa de una guerra nuclear entre el Nuevo Bloque Económico, un conjunto de empresas mineras privadas que explotaban un nuevo mineral para generar energía, y La Alianza, un grupo de resistencia integrado por el expersonal científico y minero. Los científicos de la Alianza crearon un nuevo sistema de armas llamado Espada Autónoma Móvil, una máquina de inteligencia artificial autorreplicante que, debido al ruido que emiten mientras atacan, son llamadas *screamers* (gritones). Estos robots, que poseen forma de sierra esférica, se trasladaban bajo la arena del desierto hasta detectar una víctima a quien embestir; sin embargo, no están diseñados para identificar aliados o enemigos, por ello los científicos crearon un dispositivo llamado TAB para usar como pulsera y que hace a su portador invisible mediante una señal que obliga al *screamer* a ignorarlo. Las fuerzas mercenarias de La Alianza y el Nuevo Bloque Económico estaban agotadas, con malos suministros y diezmados por la radiación de la superficie del planeta, provocada por la actividad minera y la guerra nuclear entre ellos. El invierno nuclear se extiende por la superficie del planeta y faltan provisiones. Debido a esto ambos bandos mantienen un frágil e indefinido alto el fuego.

Sin duda es una película de ciencia-ficción, pero podría ser perfectamente la antesala de lo que podría pasar dentro de unos treinta, cuarenta o cincuenta años. Quizá el futuro no sea así (ojalá), pero lo que es evidente es que la evolución nos lleva, casi inexorablemente, a situarnos sobre la frontera de un desconocido Universo donde hombre y máquina estarán, de una u otra manera, presentes.

Inteligencia artificial de punto cero

Estás ya ante el penúltimo capítulo de este libro, algo así como el origen, y dando también respuesta al título del libro, ante el fin del principio.

¿A qué llamamos punto cero o ZPE (*zero point energy*)? Punto cero es el lugar desde donde se inicia cualquier comienzo, y la inteligencia artificial, hoy, todavía está en su etapa (con un símil humano) infantil. De hecho, aún no ha alcanzado la pubertad, aunque nos observen casi 75 años de evolución. Posiblemente llegue a su mayoría de edad cuando alcance un grado de consciencia o auto-cognición, pero seguramente ni tú ni yo, estimado lector, estaremos aquí para verlo. O sí…

La inteligencia artificial será, primero, todo lo que el ser humano quiera que sea, y después, todo lo que ella misma desee ser. Bajo estos parámetros, podríamos inferir que podría definirse incluso como *energía inteligente,* porque ¿qué no son si no circuitos eléctricos y electrónicos donde los datos se impulsan a velocidades ultrarrápidas los que alimentan sus capacidades, habilidades y conocimientos?

En términos de energía para la IA, sería justo definir la expresión de punto cero. La energía del *punto cero* es, en física, la más baja que un sistema físico mecano-cuántico puede poseer, la del estado fundamental del sistema. El concepto de energía del punto cero fue propuesto por Albert Einstein y Otto Stern en 1913, y fue llamada en un principio *energía residual.* El mundo cuántico y la inteligencia artificial cuántica parecen convertirse en la antesala de un nuevo peldaño de conocimiento al que poder subir. Pues bien, todos los sistemas mecano-cuánticos tienen energía de punto cero. La expresión surge como referencia al estado base del oscilador armónico cuántico, según la teoría que utilicemos:

- En la teoría cuántica de campos, es un sinónimo de la energía del vacío o de la energía oscura, una cantidad de energía que se asocia con la vacuidad del espacio vacío.
- En la teoría cosmología, la energía del vacío es tomada como la base para la constante cosmológica. A nivel experimental, la energía del punto cero genera el *efecto Casimir* y es directamente observable en dispositivos nanométricos.

Sin entrar específicamente en ampliar conceptos, tan solo una breve referencia al efecto Casimir, también conocido como *fuerza de Casimir-Polder:* es un efecto predicho por la teoría cuántica de campos que resulta medible y consiste en que, dados dos objetos metálicos separados por una distancia pequeña comparada con el tamaño de los objetos, aparece una fuerza atractiva entre ambos debido a un efecto asociado al vacío cuántico.

Las fluctuaciones de vacío del vacío cuántico dentro del espacio entre las placas solo existen en modos de vibración estacionarios. Entonces el número de modos del espacio intermedio es inferior a los modos de fluctuación de afuera. Esto causa un desequilibrio de modos vibratorios, lo que origina una presión física externa que provoca que las placas se acerquen entre sí (la fuerza no es gravitatoria). Debido a que la energía del punto cero es la energía más baja que un sistema puede tener, no puede ser eliminada de ese sistema. Un término relacionado es el campo del punto cero, que es el estado de energía más bajo para un sistema.

Este principio, por supuesto muy relativizado, supondría plantear que tanto el ser humano como la máquina inteligente o inteligencia artificial como ente suponen un acercamiento inseparable e indisoluble entre ellos para los próximos años.

Los paralelismos son más que evidentes:

- Igual que existen millones de seres humanos, existirán millones de inteligencias artificiales en cada unidad robótica, androide o sintética.
- Ambos dispondrán principios generalmente aceptados (no por ello practicables) sobre su propia supervivencia, destino u objetivos de vida.
- Ambos experimentarán evoluciones, posiblemente de distinto signo, adaptándose a un medio cambiante y en constante movimiento.

La aplicación de este principio no solo se aplica a gravitación y cosmología, también a las innovaciones que veremos en los próximos años que afecten a personas y máquinas, como pueden ser la propulsión y la levitación.

Y ya se ha convertido en un área de la investigación en el campo de la energía del punto cero, que es como puede ser utilizada para propulsión. La NASA y la British Aerospace tienen programas de investigación con este objetivo, pero producir tecnología práctica es todavía algo lejano. Para tener éxito en esta tarea, tendría que ser posible crear efectos repulsivos en el vacío cuántico, lo que, de acuerdo con la teoría, debería ser posible, y se están diseñando experimentos para producir y medir estos efectos en el futuro. Pero la investigación continúa. Por ejemplo, el catedrático Ulf Leonhardt y el doctor Thomas Philbin, de la University de Saint Andrews en Escocia, han trabajado en una forma de invertir el efecto Casimir para que sea repulsivo en vez de atractivo. Su descubrimiento puede conducir a la construcción de micromáquinas sin fricción con partes móviles que leviten.

El efecto Casimir ha establecido la energía del punto cero como un fenómeno aceptado por la ciencia. Sin embargo, el término ha sido igualmente asociado con un área altamente controvertida como la del diseño e invención de los llamados *ingenios de energía gratuita*. No hay que olvidar que todo lo que existe tiene energía. La energía mueve el mundo, las máquinas y a nosotros, y lo seguirá haciendo en el futuro más cercano.

Los avances en la tecnología de IA, desde el *momentum* cero de su existencia hasta hoy, está plagado de rotundos éxitos y sonoros fracasos. Sobre unos y otro Microsoft sabe mucho. Uno de ellos fue el caso de Tay, lanzado por Microsoft en 2016. El robot conversacional, que la empresa creó para ser utilizado en Twitter, se nutría de los comentarios en la red social y de la interacción que tenía con los usuarios. Duró dieciséis horas en línea hasta que fue desactivado, porque se transformó en un *bot* racista y extremista. Algunos comentarios aludiendo a lo positivo del holocausto, adulaciones a Hitler, entre otros, llevaron a la multinacional a disculparse en las redes.

Primavera de 2021. Según una noticia publicada en latercera.com, Microsoft consiguió una patente que permitía a la compañía realizar robots conversacionales de personas reales, personajes históricos o ficticios, es decir, crear *chatbots*. La nueva licencia para experimentar en el área, que ya los llevó años atrás a crear una serie de aplicaciones *software* dotadas con IA, los facultaría para crear robots conversacionales sobre una entidad o persona específica (o una versión de esta) pasada o presente. Por ejemplo, su nueva creación los haría crear robots digitales inspirados en personas vivas, muertas, personajes históricos o ficticios, lo que abre la discusión sobre los límites éticos de la IA.

Sobre bodas *virtuales* con personas fallecidas saben mucho algunas compañías. Enero de 2022. Una pareja realizó la primera boda en el metaverso con la temática de *Harry Potter,* la cual incluyó el avatar del padre de la novia, que falleció hace unos meses. De acuerdo con Indian Express, la pareja, además de incluir al progenitor por medio de un avatar el 3D (y la intervención de una inteligencia artificial) y crear la temática de la unión, que será *Harry Potter,* pretende unir a todos sus amigos dispersos en el mundo.

A día de hoy, la IA presenta un alcance a corto plazo, sobre todo debido a que la inteligencia artificial deriva del aprendizaje continuo que, en gran medida, depende de las personas, no tiene un alcance de predictibilidad mayor a los cinco o diez años, de manera que puede ayudarnos a resolver temas inmediatos o en el corto plazo para tomar decisiones, pero, teóricamente (que no técnicamente) tendría dificultades para establecer predicciones con un alto grado de efectividad, debido al elevado número de variables desconocidas, e incluso a las que se esperan puedan incorporarse en los próximos años a la ciencia.

Hombre y máquina en el punto cero

Habría que indicar que ser inteligente y pensar podrían no estar en el mismo plano de conocimiento. Me explico. No es igual una máquina pensante que una inteligente. La primera poseería un don ciertamente humano, mientras que la segunda podría ser nutrida externamente por variables y parámetros y una ecuación lógica. Y esto está muy relacionado con la automatización. En la primera ola de las máquinas inteligentes, las veremos en granjas o grandes fábricas como producto en serie, porque serán vistas como un modelo que comercializar, y posiblemente muy lucrativo. No olvidemos que la IA está haciendo millonarios a muchas corporaciones y empresas multinacionales, y su potencial todavía está lejos de explotarse al cien por cien.

Una de las películas más interesantes y posiblemente aclamadas y alabadas de la historia del cine podría ser *Blade Runner*, de 1982, dirigida por Ridley Scott. Más allá de la parte de ciencia-ficción y la historia que se describe, subyace un interrogante que hoy no solo dio para una secuela, sino que permanece como uno de los enigmas, por incertidumbre, más poderoso de nuestro futuro más cercano: la replicación. Ambientada en el libro *¿Sueñan los androides con ovejas eléctricas?* de 1968, un cazador de recompensas vigila la población local de androides en una Tierra envenenada y devastada por una guerra nuclear, de la cual se han marchado todas las personas de éxito. Los únicos que permanecen en el planeta son los que carecerían de perspectivas en otro mundo. Todos los androides, también conocidos como *andys,* tienen una fecha de muerte prefijada de antemano. Sin embargo, unos pocos de ellos buscan escapar a su destino y suplantar a los humanos en la Tierra.

La pregunta creo que ya te las estás haciendo. ¿Podría una inteligencia artificial replicarse o clonarse a sí misma? Pues me temo que la respuesta podría ser un rotundo sí, y digo podría porque, aunque se han realizado muchos experimentos, los que más podemos temer son aquellos de los que no tenemos constancia o noticia…

Verano de 2008

Científicos británicos han desarrollado un prototipo de máquina denominada RepRap (https://reprap.org/wiki/ RepRap/es). Fue exhibida en el Festival de la Ciencia de Cheltenham (Reino Unido) y era capaz de crear sus propias piezas y de replicarse a sí misma. Rip-Rap funciona como una impresora, pero en lugar de proyectar tinta sobre papel, utiliza una técnica denominada *fabricación aditiva,* que permite aplicar delgadas capas de plástico fundido, y al irse solidificando producen objetos tridimensionales.

El proyecto de investigación y desarrollo de RepRap (abreviatura en inglés *replicating rapid-prototyper*) fue concebido y dirigido por Adrian Bowyer, profesor titular de Ingeniería y Diseño de la Universidad de Bath (Reino Unido), que supervisó una iniciativa internacional para desarrollar una máquina con código abierto que *imprimiese* objetos en 3D. El profesor celebró que el prototipo desarrollado hubiese comenzado a realizar con éxito un conjunto de sus propias piezas impresas. Hasta ese momento, RepRap solo había podido realizar objetos de plástico de uso cotidiano, como picaportes de puerta, sandalias o percheros. Los planos completos de la impresora 3D RepRap, así como manuales detallados para ayudar a aficionados motivados y profesionales en el montaje de una unidad, están de forma gratuita, por internet. Los materiales, junto con el pequeño número de piezas que la máquina no puede imprimir, costaban aproximadamente unos 450 euros.

Chris DiBona, director de programas de código abierto en Google Inc, animaba a las personas a "pensar que RepRap es como tener a China en tu ordenador". Y no se equivocaba…

El *romanticismo* de su creación se ha convertido en puro comercio (esto también tiene su parte positiva porque lo pone al alcance de cualquiera), cuando ya la podemos encontrar en AliExpress.

¿Tiene algún sentido lo que has leído?

Y llegamos al final de este libro.

Espero, en primer lugar, que no te haya parecido aburrido o mediocre. He invertido bastante tiempo. Casi más que un libro, es un documento de investigación que bebe de diferentes fuentes. En segundo lugar, también me gustaría que te haya sido, al menos, interesante. Útil ya serían palabras mayores, aunque he de decirte que este campo de la IA y en particular el de los algoritmos oscuros y la inteligencia artificial oscura será de los más demandados, si no lo es ya, de los próximos años. En tercer y último lugar, me apetecía hacer algo diferente sobre este apasionante ecosistema desde una perspectiva poco científica, algo mundana y de andar por caso… Sí, no me he equivocado con lo de "de andar por caso". Lo de "caso" viene a colación porque, sin lugar a duda, 2022 ha sido el año de la inteligencia artificial, por múltiples casos que, lamentablemente, no me da tiempo a escribir aquí. Mi consejo, si te gusta este mundillo, es que veas y analices las oportunidades que te puede ofrecer como mejora en tu campo profesional o como disruptor, para dejar lo que estás haciendo y zambullirte en este mundo tan espectacular a la vez que enigmático.

Me encanta una frase que vi en la página web de BBVA-OpenMind: "Con la inteligencia artificial el trabajo no se crea ni se destruye, se transforma". No puedo estar más de acuerdo.

Pues verás, este capítulo es el que más me ha gustado escribir. Aquí me puedo explayar con gusto, es como si ya la editorial (y el corrector, persona física espero) no tuviese ningún poder sobre mí y me dejara a mi antojo escribir lo que quisiera (ojo, no quiero decir con ello que no haya tenido libertad absoluta para escribir este libro, que la he tenido, es simplemente que me siento a gusto diciéndolo).

Las carreras y trabajos en el entorno del ecosistema de IA son el presente y el futuro más cercano. Las universidades, escuelas de negocio e incluso organismos públicos estatales se han dado cuenta de la necesidad de incorporar la IA como motor de la evolución. Ojalá que esto llegue a los colegios, institutos y centros privados de enseñanza. Es fundamental, porque cambiará titulados que quieran trabajar en multinacionales por emprendedores que quieran crear su *startup* bajo las alas de este campo, paradigma y universo de la inteligencia artificial.

Ya no solo es para investigadores, científicos, divulgadores, sino para cualquier *mortal* sin edad, que desee *navegar* o mejor dicho *bucear* por las tempestuosas aguas de este joven ecosistema de conocimiento, en crecimiento y evolución.

De un artículo del *Cinco Días* de enero de 2022 reproduzco el siguiente literal: "La industria necesita 90 000 expertos en datos y en inteligencia artificial". La verdad es que me sorprende, sobre todo el número. Ya sé que en ocasiones estos números o estadísticas son muy orientativas, pero lo cierto es que creo que se podría perfectamente multiplicar por 10. Esa sí me parece una cifra relevante y más cercana a la realidad. Y además, en progresiva y clara ascensión.

Como se puede apreciar, todo gira alrededor del dato, verdadero señor de los designios de todas las disciplinas y ciencias que orbitan en torno a la tecnología. Pero, además, es que todas ellas serán imprescindibles una vez que la IA tome posesión del trono para el que está claramente destinada.

Según el mismo artículo, "la industria necesitará durante los próximos tres años más de 90 000 profesionales expertos en datos e inteligencia artificial para impulsar proyectos con los que poder competir con otras organizaciones internacionales, a la vez que impulsar la economía nacional".

Así lo pone de manifiesto en un informe la asociación española de inteligencia artificial para la industria, IndesIA —formada por ocho grandes empresas españolas: Repsol, Gestamp, Navantia, Técnicas Reunidas, Telefónica, Microsoft, Airbus y Ferrovial—, que cuenta con el apoyo del Basque Artificial Intelligence Center (BAIC) y Accenture.

Sigue el artículo haciéndose eco de "la falta de personal cualificado, que supone un obstáculo para el crecimiento de las empresas, y por ello, para la recuperación económica", según Valero Marín, presidente de IndesIA. Por este motivo dice: "Uno de los principales objetivos que nos propusimos como asociación fue el impulso de la transformación del empleo hacia profesiones enfocadas a las nuevas tecnologías. Se trata de reducir la brecha existente entre la formación de las disciplinas denominadas STEM (ciencia, tecnología, ingeniería y matemáticas, en sus siglas en inglés) y las necesidades de las empresas. Pero además queremos promover la creación de nuevos puestos de trabajo de alta cualificación y empleo de mayor calidad. Asimismo, atraer y retener al talento tecnológico en España".

Pues está claro: la IA no solo está de moda, sino que además es altamente demandada y lo será más en los próximos años.

Según un informe de OdiseIA y Humantrends, el barómetro de inteligencia artificial ética en España, en 2020 existían 56 grados y 14 másteres en las universidades públicas con asignaturas de inteligencia artificial. Aunque este número cada vez se está incrementando, la cifra sigue siendo extremadamente —eso lo pongo yo— baja para la transformación que se necesita.

Pero entonces, ¿cuál es el perfil del experto o especialista en inteligencia artificial que el mercado demanda?

En su descripción, según educaweb.com, es un perfil encargado de:

- Realizar mejoras operativas basadas en el aprendizaje automático y desarrollar nuevos procesos, objetos o servicios para solucionar problemas o llevar a cabo determinadas funciones de manera independiente.
- Aplicar la inteligencia artificial en numerosos sectores profesionales. Por ello, el campo laboral de estos expertos es muy amplio, desde áreas como la robótica, la automoción y la telecomunicación, hasta la medicina, las finanzas y la educación.
- Apoyarse en las matemáticas y la ingeniería del *software* para desarrollar sistemas informáticos capaces de simular el comportamiento o el pensamiento humano.
- Englobar perfiles muy diversos, como por ejemplo *data scientist, data architect, data engineer* o especialista en *cloud computing*.

Pero ¿y sus funciones?

- Desarrollar sistemas de aprendizaje automático que permitan mejorar procesos.
- Proporcionar soluciones a problemas de lenguaje natural.
- Diseñar algoritmos de inteligencia artificial que analicen grandes volúmenes de datos.
- Desarrollar proyectos basados en *machine learning* o *deep learning*.

- Crear productos y servicios basados en la inteligencia artificial, como los *chatbots* o el reconocimiento de imágenes.
- Diseñar algoritmos que imiten habilidades humanas.
- Sistematizar la información dentro de un modelo específico.
- Gestionar el mantenimiento de los sistemas de inteligencia artificial.
- Detectar posibles aplicaciones de la inteligencia artificial.
- Tener una perspectiva crítica y ética sobre las cuestiones éticas que implica la inteligencia artificial.
- Diseñar aplicaciones personalizadas basadas en *data mining* para ayudar a las empresas a tomar decisiones.

En freelancermap se hacen eco del perfil para mí más *cool*, atractivo e irresistible de la inteligencia artificial: ingeniero de inteligencia artificial. No es que los salarios sean justos, pero ciertamente el crecimiento de estos expertos y especialistas es enorme y la necesidad es acuciante.

Consejos y recomendaciones

Antes de terminar, os quiero ofrecer algunos consejos o recomendaciones breves, con la esperanza de que sirvan al menos como una pequeña guía:

1. La IA será el motor de millones de organizaciones en los próximos años. Estar al día, al menos, es una necesidad más allá de una oportunidad.

2. El mundo gira muy deprisa. En los próximos 10 años podrían desaparecer más del 40 % de los perfiles profesionales y roles laborales que hoy parecen inmutables. No te quedes en el lado negativo…

3. La formación y capacitación en el campo de la inteligencia artificial parece de obligado cumplimiento. Todos los verticales empresariales de hoy estarán conectados con la IA.

4. La evolución del ser humano y de las máquinas dependerá en gran medida de un sistema, protocolo o modelo ético, transparente y razonable con el avance imparable de la IA. Debemos estar en el lado correcto…

5. Las oportunidades están ahí. La elección será natural y no podemos jugar en una liga perdedora.

Despedida

Vaya, se me ha hecho tarde. Son las 2:25 de la madrugada… Acabo de escribir estas últimas líneas, que son las que cerrarán el último capítulo de este libro. Por un lado, me siento contento; por otro, algo angustiado. Tengo la sensación de que podría haber escrito mucho más. Luego lo pienso fríamente y me convenzo a mí mismo de que las cosas son como tienen que ser y que el principio de causalidad (que no de casualidad) nos rige a todos los mortales, pero no a las máquinas. Y, vaya, ¡me alegro de no ser una máquina!

Para escribir estas últimas líneas me he dirigido a un lugar que siempre me ha ayudado a concentrarme, a entrar en un cierto estado de misticismo. Ayudado por una copa de vino de Yaiza, me adentro con mi 4x4 por La Santa, una localidad costera de mi querida tierra canaria, Lanzarote (ubicación: 29°06'30''N 13°39'58''O / 29.108225, −13.666092).

Las estrellas parecen dibujar una enigmática figura. Ni sé cuál es ni tampoco es que, a estas horas de la madrugada, me importe mucho, la verdad.

Es tarde y mañana tengo que madrugar, que me espera un *webinar* con mis alumnos de la escuela sobre el poder del *neuromarketing.*

Pero ¿y si me quedo el resto de noche disfrutando del hipnótico mar, de sus olas y de su armonía continua, y una inteligencia artificial da la clase por mí? No es mala idea. El único requisito: que no sea *oscura,* por favor…

www.editatum.com

www.ingramcontent.com/pod-product-compliance
Lightning Source LLC
LaVergne TN
LVHW091714190726
843493LV00001B/305